Titolo | Caracas - Cuneo One Way
Autore | Claudio Di Giammarco

ISBN | 979-12-24023-76-0

Youcanprint
Via Marco Biagi 6, 73100 Lecce
www.youcanprint.it

Claudio Di Giammarco

CARACAS – CUNEO ONE WAY

Una storia vera di esilio, amore e sopravvivenza.

Giuseppe, mio figlio
Nanito mio… este libro es para ti.

L'ho scritto con tutto il cuore, per raccontarti in modo semplice da dove arriva tuo papà.
Tutto quello che ho fatto, vissuto, sbagliato e superato, prima che tu arrivassi a cambiare tutto.

Forse è anche un modo per farti sentire ancora più orgoglioso di me…
di quanto già lo sei adesso.

Quando ho iniziato a scrivere questo libro avevi quasi otto anni.
Sicuramente lo leggerai che sarai già un ragazzo, forse un uomo.
E allora ti dico: **questo è tuo padre.**

Un uomo che ha sbagliato tante volte,
che ha imparato da ogni errore,
anche quando ha sbattuto due volte sulla stessa porta.
Ma alla fine…
quella porta l'ha aperta.

Tuo padre è testardo,
sognatore,
creativo,
musicista,
barista,
benzinaio,
giardiniere,

elettricista,
muratore…

Tuo padre è uno che non si è mai arreso,
che si è sempre reinventato, che ha sempre cercato — come ti insegnerebbe anche tuo nonno Franco — di farlo **con dignità, a testa alta e con rispetto.**

Perché come diceva lui:

"Quando esci per strada devi camminare a testa alta e guardare negli occhi la gente, senza doverti nascondere... perché tu sei un Di Giammarco, come me."

Continua ad essere quel bambino meraviglioso che sei sempre stato.

E non smettere **mai** di essere te stesso, per diventare qualcuno che **non sei davvero.**

Te amo, hijo mío.
Con tutta l'anima,
Papá.

Avvertenza

Questa è un'opera autobiografica basata su esperienze realmente vissute dall'autore.

Alcuni luoghi, eventi e dettagli identificativi sono stati modificati o alterati per tutelare la privacy delle persone coinvolte.

I personaggi non sono nominati, e qualsiasi somiglianza con persone reali, vive o decedute, è puramente casuale.

L'intento dell'opera è esclusivamente narrativo ed emotivo, senza alcuna volontà diffamatoria o lesiva nei confronti di individui o istituzioni.

✨ Prefazione

Questo libro l'ho scritto per dare sfogo a tutto quello che porto dentro.

Perché mi sembra inutile non poter urlare tutto il peso di esperienze vissute in una vita intera.

Ognuno di noi dovrebbe essere libero di potersi raccontare.

C'è chi ci riesce sui social network, chi in TV, chi alla radio.

Io, purtroppo, ci ho provato in tutti i modi… ma non sono mai riuscito a far arrivare davvero la mia voce dove volevo. Spero che questo tentativo sia quello definitivo.

Questo libro l'ho iniziato a scrivere tanto tempo fa. Poi ho perso il file e ho dovuto ricominciare tutto da capo.

Quindi, se in alcuni passaggi ti sembro più incazzato del solito… sappi che è anche per questo. Nulla di personale.

Ora godetevi questo viaggio insieme a me.

Allacciate le cinture, si parte.

Claudio Di Giammarco

Capitolo 1 – L’inizio: un whisky in mano, un tramonto in testa

Mi ricordo perfettamente quel tramonto. Ero seduto sul balcone del mio piccolo appartamento a Villanova Mondovì, con un whisky in mano e la testa piena di ricordi. Avevo appena compiuto 35 anni. Il cielo era arancione, e l’aria aveva quel profumo pungente di erba tagliata e montagna che solo la provincia di Cuneo sa offrire.

Guardavo le montagne e pensavo: “Come cazzo ci sono finito qui?”

Il Venezuela era ormai lontano. Caracas, la mia infanzia, gli amici, la musica, i sogni. Tutto sembrava così distante, come una vita vissuta da un altro me.

E invece ero ancora io. Solo che ora lavoravo allo Street Food, con una maglietta rossa con la scritta Churrito’s in grande

Quel whisky in mano non era solo un vizio, era un rituale. Ogni sera mi aiutava a ricordare chi ero, o forse chi non volevo dimenticare.

Quel giorno decisi che avrei raccontato tutto. Non solo a me stesso, ma al mondo intero. Perché le storie, quelle vere, vanno raccontate.

E allora sì, è da qui che parte tutto. Da un tramonto, un bicchiere e una promessa.

Capitolo 2 – Los Palos Grandes: dove tutto ha avuto inizio

Los Palos Grandes non era solo il mio quartiere. Era la mia prima scuola di vita. Un quartiere della Caracas bene, come si diceva. Ma sotto quella patina da zona tranquilla, nascondeva mondi.

Case con giardini curati, palazzi con portieri in divisa e negozi che vendevano solo roba buona. Ma anche angoli dove si sentiva la strada, dove la realtà bussava forte.

Io ero figlio di immigrati italiani. Papà, arrivato dall'Abruzzo, precisamente da Teramo, senza nulla in tasca. Mamma, piemontese di Ormea, figlia di emigranti come lui. Erano riusciti a costruirsi una vita e a darci tutto quello che potevano. Non eravamo ricchi, ma nemmeno poveri. Eravamo classe media con sogni da alta borghesia.

Los Palos Grandes era casa. C'erano le arepas de *Las Tres Esquinas*, il fruttivendolo *La Ciruela* che mi chiamava "chamo", e il panettiere di fiducia *Cueva de Iria*, con i migliori *Pan de Jamón* del Venezuela. E poi il parcheggio del palazzo dove giocavamo a pallone fino a tardi.

Ma era anche il luogo dove ho iniziato a capire cosa volesse dire libertà. Dove ho sentito per la prima volta la musica dentro di me. Dove ho stretto le prime vere amicizie. Quelle che ti segnano. Quelle che ti formano.

E forse, se tutto è iniziato da lì, è perché solo lì poteva cominciare la mia storia.

Capitolo 3 – Río Chico: la magia di El Raizal

Río Chico era il mio rifugio. A due ore da Caracas, appena potevamo prendevamo la macchina e andavamo lì. Non c'erano pullman per noi, solo la nostra macchina piena di borse, asciugamani, chitarre e sogni.

El Raizal era il nome del quartiere dove avevamo la casa al mare. Una casa semplice, ma piena di vita. Ogni weekend, ogni vacanza, ogni festività: si partiva per Río Chico.

La sabbia bollente sotto i piedi, il rumore delle onde, il profumo di pesce fritto che arrivava dai chioschi. Ma soprattutto… la gente. Quella compagnia che mi ha cresciuto come un fratello tra fratelli: El Chupe, Fernando, Kcho, Johan, Miquel, JJ, Pecho Hundido, Espe, Janny, Caro, Gabba, Xavier fra tanti altri.

La nostra era una piccola tribù. Sempre insieme. Sempre rumorosi. Sempre vivi.

A Río Chico si giocava a calcio sulla sabbia, si ballava, si suonava. La mia voce si è formata lì, tra una grigliata e una birra Polar alzata in aria. Non c'erano giudizi, solo risate e libertà.

E poi c'era la notte. Le stelle a Río Chico sembravano più grandi. Più vicine. Ogni tanto qualcuno tirava fuori una chitarra, e allora sì che iniziava la magia.

Quel posto mi ha insegnato che la felicità sta nei dettagli. In un'amicizia vera. In un tramonto condiviso. In una canzone cantata a squarciagola.

E ancora oggi, ogni volta che chiudo gli occhi e voglio sentirmi a casa… torno lì. A El Raizal. A Río Chico.

Papà era il presidente del condominio di El Raizal, e litigava sempre con Tomás, il custode. Gli dava continuamente indicazioni su cosa doveva fare: pulire le strade, tagliare l'erba, mantenere tutto in ordine. Tomás lo faceva… ma con i suoi tempi.

Era un uomo semplice, padre di sei figli, e abitava in una casetta proprio accanto alla nostra. Intorno alla sua casa c'era tanta terra, e un giorno gli dissi: "Tomás, ma perché non ti pianti un po' di insalate, di verdure? Noi che arriviamo da Caracas, invece di andare al supermercato che sta a dieci minuti di macchina, potremmo comprare da te. E tu arrotondi un po' di soldi…"

Lui mi guardò, fece una pausa e poi disse con un sorriso: "A Cla, lo vedi il sole là fuori? Ci stanno 40 gradi all'ombra... Se ho fame, vado al mare, butto la rete e mangiamo tutti."

Questa era il Venezuela. Un sorriso, una battuta, e la Polar gelida in mano.

Capitolo 4 – La banda di El Raizal

In quel piccolo angolo di paradiso chiamato El Raizal, non eravamo solo amici. Eravamo una vera banda.

Ogni weekend ci si ritrovava senza nemmeno doverci chiamare. Bastava arrivare, aprire la porta, e uno alla volta spuntavano tutti: Kcho, Johan, JJ e una tavola da surf, El Chupe, Fernando ed io con il bodyboard, Pecho Hundido approfittava per sistemare la meccanica del suo vecchio fuoristrada.

Le giornate passavano tra partite di calcio sulla spiaggia, tuffi nell'acqua calda del mar dei Caraibi, mangiate epiche di vongole raccolte da noi sulla riva e granchi sugli scogli o pesce pescato da noi, e risate che ancora oggi mi risuonano in testa.

La nostra base era sotto l'albero di mango di casa mia. Lì si suonava, si beveva Polar e si rideva fino a tardi. A volte portavamo le casse fuori e mettevamo musica per tutto il quartiere. Non c'era nessuno che si lamentasse: a El Raizal, la musica era parte del paesaggio.

Avevamo creato una routine fatta di libertà. Nessuno parlava di scuola, problemi o futuro. Solo del presente. Solo di quanto era bello esserci. Di quanto era bello vivere così.

Eravamo fratelli. Senza bisogno di legami di sangue. Solo con il vincolo indissolubile della sabbia nei piedi e del mare nel cuore.

Capitolo 5 – Caro, la mia prima delusione

Caro era bionda. Con i capelli lunghi, lisci e un corpo mozzafiato. Aveva quel tipo di bellezza che ti entra negli occhi e ti rimane in testa. E forse nel cuore.

La vidi la prima volta proprio a El Raizal, in uno di quei weekend in cui tutto sembrava perfetto. Era amica di Janny e spesso si univa a noi, tra un tuffo e una partita a pallone sulla sabbia. Ma quando arrivava lei, per me cambiava tutto. Il cuore andava più veloce, le battute mi restavano incastrate in gola.

Non accadde mai nulla tra noi, anche se ci speravo. Lei era innamorata di El Chupe, il mio amico fraterno, e lui lo era di Janny. Una di quelle catene impossibili che la vita si diverte a creare.

Io restavo lì, ad ammirarla da lontano. A sorriderle con discrezione. A trovare scuse per starle vicino, per ascoltarla parlare, per farla ridere.

Caro è stata la mia prima vera delusione amorosa. Quella che non ha bisogno di parole, perché è fatta di silenzi. Di attese. Di sguardi che non si incrociano mai davvero.

Ma è anche grazie a lei che ho iniziato a cantare con il cuore. A cercare nella musica quel posto che non trovavo tra le sue braccia mentre la vedevo ballare il Flamenco.

Era troppo bella per me, o forse solo troppo lontana.

Ma resterà per sempre la mia prima vera emozione.

Capitolo 6 – La mia Caracas: amici, suoni e libertà

Caracas era un concerto costante. Una sinfonia di rumori, clacson, voci, musica che usciva dai balconi, dai bus, dai locali. Era caos e poesia. Era pericolo e passione. Era casa.

I miei pomeriggi erano un mix di scuola, amici, chitarra e sogni. Dopo le lezioni correvamo a casa di Douglas, a Terrazas del Ávila. La sua camera era il nostro rifugio creativo. Il pavimento ricoperto di cavi, la batteria di Emiliano, il basso di Douglas, le chitarre di Luis e Armando. Io ero la voce. Il frontman. Il pazzo che si lanciava nei pezzi con tutta l'anima.

In quella stanza c'era anche un disegno immenso, realizzato da Lorena, la sorella di Douglas. Raffigura un pagliaccio malefico, o almeno così lo ricordiamo. Occupava tutto un muro e guardava chiunque entrasse come a dire "qui dentro non si scherza… ma si sogna forte".

Caracas era anche Choco e Asier, gli amici che non tradivano mai. Le notti passate a parlare di musica, politica, di amori e di futuri possibili. O impossibili.

Era Douglas che mi diceva sempre: "Hermano, tú vas a llegar lejos". Era il sogno che avevamo tutti, chi con una chitarra, chi con un beat nella testa, chi solo con un'idea. Ma tutti con una fame. Fame di vita.

E poi c'erano i bus. Gli autobus di Caracas erano concerti su ruote. La Salsa erotica, Merengue e Vallenato a tutto volume, le luci al neon, l'autista che guidava come in Formula 1. E tu lì, aggrappato, cercando equilibrio e ispirazione. Tutto era stimolo. Tutto era eccessivo. Tutto era... Caracas.

Era una città difficile. Pericolosa. Ma se ci sei cresciuto, ti entra sotto pelle. E non te la togli più.

Caracas è dove ho imparato che la musica può essere una via di fuga. E che gli amici possono essere famiglia.

È lì che ho scoperto la mia voce. E che, nel caos, in mezzo agli spari, si può trovare anche l'armonia.

Capitolo 7 – Stigma: il nostro sogno rock a Las Olas Resort

Non eravamo famosi, non eravamo esperti, ma eravamo Stigma. E per noi, quello bastava.

La nostra band era nata quasi per gioco, tra una prova nella stanza di Douglas e una jam session improvvisata. Ma poi era diventata qualcosa di più: un sogno condiviso, una missione, un'identità.

Douglas al basso, Armando e Luis alle chitarre, Emiliano alla batteria – una furia, una macchina da guerra – e io alla voce. Ogni nota era un pezzo di cuore, ogni pezzo era un grido di libertà. Emiliano, con la sua potenza, trasformava anche le ballate in bordate rock. E quando attaccavamo "Dónde jugarán los niños?" dei Maná con la sua batteria... cazzo, sembrava un pezzo dei Guns N' Roses, grazie all'arrangiamento epico che ha dato Emiliano.

Il nostro momento più epico fu a Las Olas Resort, a Río Chico. C'era una festa in discoteca con palco, pubblico, casse serie. Una serata estiva, di quelle dove senti che tutto può succedere. E noi eravamo gli ospiti speciali.

Salimmo sul palco tremando, ma bastò attaccare il primo pezzo per far esplodere tutto. La gente sotto ballava, urlava, si lasciava trasportare. Da fuori la gente stava attaccata ai vetri perché dentro non c'era piu spazio e volevano comunque guardarci. Douglas suonava come se avesse il ritmo nel sangue. Emiliano martellava con una precisione spaventosa. Io urlavo, cantavo, vivevo.

Quella sera a Las Olas Resort la scaletta fu una bomba. Aprimmo con *Música Ligera* dei Soda Stereo, per far capire subito al pubblico che non stavamo scherzando. Proseguimmo con *Rayando el Sol* e *Dónde jugarán los niños* dei Maná, che Emiliano amava trasformare in pezzi ancora più rock e potenti. Con *Amor Fugaz* e *Lobo Hombre en París* de La Unión, portammo quel tocco anni '80 che faceva impazzire tutti. Poi arrivò *Rezo por vos* di Charly García, seguito da *El amor después del amor* di Fito Páez: pura emozione. Ylenia, l'animatrice del resort, salì sul palco per cantare due canzoni di Shakira – *Dónde estás corazón* e *Ciega, sordomuda* – con una grinta pazzesca. E per chiudere, la magia travolgente di *Te quiero* degli Hombres G. Fu un concerto epico, una serata che nessuno di noi avrebbe mai dimenticato

Stigma era questo. Un sogno musicale che per un attimo diventava realtà. Un gruppo di amici che si trasformava in una band. Una famiglia allargata con strumenti al posto delle parole.

E ogni volta che penso a quel palco, a quel momento, sento di nuovo l'eco della mia voce, il battito della batteria di Emiliano e le corde di Claudio che ci portavano in alto, come solo la musica vera sa fare.

Capitolo 8 - Colpi d’amore e rivoluzioni

Il primo concerto a Las Olas era andato. E non era andato bene. Era stato **incredibile**.

Talmente tanto che ci chiesero di suonare anche la sera dopo.

Solo che Emiliano… Emiliano aveva dato l’anima. Talmente tanto che aveva le **mani screpolate e ferite**. Ogni colpo sulla batteria era stato un **colpo d’amore**. Ma non riuscì a suonare il giorno dopo.

E allora cambiammo tutto. **Armando** prese il suo posto alla batteria. **Douglas** tornò al basso. **El Tocayo** passò alla chitarra. E io, al microfono, guardavo quel nuovo equilibrio formarsi davanti a me… e **funzionava**. Funzionava **da Dio**.

La discoteca era piena di nuovo. Il pubblico sapeva già i testi. E noi, anche se stanchi, eravamo più **vivi che mai**.

Due notti. Due formazioni. Un solo cuore.

E **Las Olas… non fu mai più la stessa.**

Capitolo 9 Ana Laura

La notte del concerto finì tra applausi, sudore e whisky annacquati.
Eravamo stanchi, ma pieni. Avevamo suonato per il mare, e il mare aveva cantato con noi.

Ana Laura la conobbi due giorni dopo. Me la presentarono per caso, in uno di quei pomeriggi di sole e sabbia lenta. Parlammo poco. Ci sorridemmo molto.

Ci scambiammo i numeri. Niente di che. O almeno così sembrava.

Non sapevo ancora che ogni sei mesi, quella ragazza sarebbe tornata a bussare nei miei baci. E che quel numero salvato per caso, sarebbe rimasto lì per anni.

Dopo lo scambio di numeri iniziò lo scambio di chiamate. Una sera ci incontrammo al cinema. Dovevamo vedere *The Matrix*.
Lei indossava una minigonna nera che ancora oggi ricordo perfettamente: le sue gambe erano molto più interessanti del film.
Scelse la prima fila. Io, con la mia solita timidezza, non feci il primo passo.

Quel passo arrivò a Río Chico, a casa mia. Quel giorno andammo al mare con una sua amica, Gabba e Xavier. Sole, risate, onde leggere.

La giornata si chiuse con un bacio profondo, nel giardino di casa mia.
Di quelli che lasciano la bocca stanca e il cuore troppo sveglio per dormire.

Da lì continuò la nostra storia. Ci vedevamo poco, ma ogni volta erano baci intensi. Sempre intensi.

L'ultima volta fu durante quella breve pausa con una ex. Due giorni, ma bastarono. Ana Laura mi chiamò per caso. O forse no. Era come se avesse annusato che c'era spazio. Mi propose di andare al *Home Run Derby*, allo Stadio Universitario. Accettai. Appena ci vedemmo, ci baciammo. Senza parole, senza freni. Lo stesso accadde allo stadio. In curva, tra urla e birre, limonavamo come due adolescenti alla loro prima fuga. Finché non vidi la telecamera. Era di Venevisión. Puntata su di noi.

Panico. E se mia ex stava guardando proprio in quel momento? Passai i successivi tre inning sudando più del battitore. Quando tornai a casa, la paranoia mi teneva sveglio. Mia ex mi fece l'interrogatorio. 'Dove sei stato? Con chi? Che hai fatto? Le dissi che ero andato con Choco.

E con quella che oggi è la sua ex. Non so se ci credette. So solo che non disse nulla. Ma io, dentro, ero certo: quel giorno avevo rischiato di mandare tutto a puttane… per un bacio che non riuscivo mai a lasciare nel passato.

Capitolo 10 – Roxy e la strada del peccato

Me la presentarono a una festa di famiglia. Roxy era una specie di parente, quindi tecnicamente "quasi famiglia", ma non proprio. Aveva 16 anni, io ne avevo appena compiuti 19. Bastarono due sguardi e capii subito che mi piaceva.

Abitava a San Antonio de los Altos, sulle montagne, una delle prime periferie di Caracas. Per arrivarci bisognava salire una strada lunga, piena di curve e di motel a ore: luoghi di passaggio per amori nascosti, segreti pesanti e avventure fuori controllo. Ogni volta che ci passavi, ti sembrava di attraversare il lato clandestino di Caracas.

Quella sera, però, Roxy restava a dormire a casa di un cugino. E alla festa, mentre la musica saliva e la luce diventava più morbida, finimmo per ballare insieme. Un ballo ravvicinato, forse troppo. C'era una tensione forte, quel tipo di attrazione che non ha bisogno di parole. Io ero preso, e lei lo sentiva. Quando la riaccompagnai a casa di mio cugino, le presi la coscia con naturalezza. Lei sorrise, mi diede il suo numero. Ci salutammo con quegli sguardi che dicono "forse", ma non promettono niente.

Mio cugino mi guardò con la sua solita ironia e disse: "Pedofilo."
Io risi. "Stai calmo, stiamo solo giocando." E in fondo era così. Due adolescenti che si piacevano, niente di più. Ma in quel niente, c'era già tutto il peso del desiderio.

Il seguito con Roxy fu un limbo. Parlavamo spesso al telefono. Lei aveva un tono di voce che sembrava uscito da una hotline —

sensuale, lento, caldo. Ti entrava nell'orecchio e ti scendeva dritto nello stomaco. Mi faceva impazzire.

Rideva, stuzzicava, giocava. Ma alla fine… niente. Nessun appuntamento, nessuna occasione, nessun passo oltre. Solo parole, sguardi promessi e linee telefoniche consumate. Era fidanzata, e probabilmente anche affezionata al suo ruolo da provocatrice non dichiarata.

Io? Io ci cascavo sempre. Rossana era come un forno microonde: scaldava, ma non cucinava per niente. E io restavo lì, bollente… e affamato.

Un giorno mi chiamò: 'Posso venire a casa tua? Devo fare un lavoro al PC.'

Io, ovviamente, dissi sì.

Arrivò, si sedette al computer, tutta carina e concentrata. Fece quello che doveva fare… poi si alzò, prese la borsa e disse che doveva andare al centro commerciale.

'Ho un appuntamento con delle amiche.' Certo. 'Amiche.'

La verità venne fuori mezz'ora dopo. Aveva lasciato la chiavetta USB attaccata al mio PC. Mi chiamò: 'Vengo a prenderla, ok?'

E io: 'No, no. Vengo io a prenderti. Ti riaccompagno a casa.' Pensavo: stavolta è la mia.

Finalmente la porto a casa io, la chiavetta è la scusa, e magari succede qualcosa.

Arrivo al centro commerciale, parcheggio, la vedo. Con lui. Il fidanzato.

Che sale in macchina con tutta la sicurezza del leone del barrio. Si siede davanti, mi saluta manco mi conoscesse. Lei dietro, muta.

E io, con il volante in mano, che mi sentivo un personaggio di un brutto episodio di Casos de Familia.

Lui si credeva meglio di tutti.

Il classico imbecille inconsapevole. Sembrava il Puffo Sfigato con la camicia stirata dalla mamma e l'aria da vincente prestata. Io guidavo. E ridevo dentro. Perché in quel momento capii che Roxy non era una storia, era solo una puntata. E una puntata di quelle che non rivedi mai volentieri.

Anni dopo, il caos…

Caracas bruciava: disturbi, spari, macchine a fuoco, gente per strada col coltello tra i denti e la speranza in tasca.

Un giorno una mia ex mi chiese se poteva usare la casa al mare con la famiglia. 'Certo, vai, rilassatevi…'

E intanto, nella mia testa, si accendeva una lampadina sporca: Roxy.

Avevo ancora il suo numero.

La tensione tra noi non si era mai veramente spenta, solo rimasta lì, come un odore che non se ne va.

Pensai: “è il momento di chiudere quel capitolo.”

Le scrissi. E lei, ovviamente, rispose.

Le dissi di venire da me.

Una parte di me era già seduta sul divano, pronta a viverla. L’altra… tremava.

Non per i proiettili fuori, ma per tutto quello che poteva succedere dentro.

Perché quando decidi di chiudere qualcosa, a volte lo fai aprendo l’inferno.

La chiamai.

Non mi aspettavo nulla.

Stavo per partire. Avevo il cuore in gola, la testa in fiamme.

Roxy al telefono, voce da sirena. Il motel su, a San Antonio, mi aspettava. Era il momento. Il finale che aspettavo da anni.

Poi suonò il telefono di casa. Era mio padre.

‘Sei pazzo? Vuoi uscire ora? Hai visto cosa sta succedendo? La Panamericana è un inferno. Macchine bruciate, blocchi, spari. Stai a casa.’

Mi bloccai. Guardai fuori. Il cielo era rosso, ma non per il tramonto.

Papà aveva ragione.

Chiamai Roxy. Le dissi che non potevo.

Lei restò in silenzio.

Poi, con quella voce tagliente e dolce insieme, disse: 'Mi hai lasciata vestita e con voglia. Questo non si fa a una donna.'

Riattaccò. E non la sentii mai più.

Il capitolo si chiuse così. Non con un bacio. Non con un motel. Ma con una frase che mi è rimasta nella testa per anni… come un finale che non si consuma mai.

Capitolo 11 – La Voz Santiagueña

Non studiavo più al Santiago de León de Caracas. Eppure… tornai. Non per i compiti. Non per i professori. Ma per il palco. E per la voce.

Avevo vinto il secondo posto alla Voz Santiagueña. Seconda miglior voce della scuola. Tieni conto: era una scuola enorme. Ogni anno c'erano 4 o 5 sezioni per classe, ognuna con circa 30 studenti. Quella classifica contava davvero.

Quando arrivò la stagione dei festival interscolastici, i miei ex compagni non ci pensarono due volte. Mi chiamarono: "Claudio, canti tu. Sei la nostra voce." E io… dissi sì.

In un solo giorno partecipammo a tre festival diversi. Tre palchi, tre scuole, tre atmosfere. Io salivo sul palco, prendevo il microfono, e tutto il resto spariva. La scuola, i problemi, il futuro. C'ero solo io, la band… e la mia voce.

Eravamo molto bravi. Spaccavamo i palchi. Tutte le scuole ci temevano. Ovunque andavamo, portavamo energia, presenza, suono. Abbiamo vinto due festival, siamo arrivati secondi in tre e terzi in quattro. Non c'era palco che non tremasse quando salivamo. Eravamo studenti, sì. Ma anche musicisti. Artisti. Un gruppo che sapeva far saltare il pubblico e far piangere i giudici.

Alla fine ci invitarono anche in TV. Un programma con le migliori band scolastiche di Caracas. E noi… c'eravamo. Prima a RCTV, nel programma "A Puerta Cerrada" con Marieta Santana. Un format intimo, emotivo, serio — il più simile al nostro "Verissimo", ma con spazi anche per la musica. Poi a Venevisión, nel programma "Maite" con Maite Delgado. Glamour, popolare, quasi una nostra "Domenica In", ma con la brillantezza latina che solo Maite sapeva dare.

Quando mi vidi sullo schermo per la prima volta, mi venne da ridere. Poi da piangere. E poi ancora da cantare. Perché la voce che era nata in aula, che si era fatta spazio tra centinaia di studenti, ora usciva da un televisore acceso, tra il rumore della città e il silenzio dei cuori.

E io ero lì. A cantare. Come se fossi nato solo per quello.

Capitolo 12 – Il giorno delle 3000 urla

Era un festival scolastico, uno di quelli grossi, con palco, impianti seri e una folla immensa. Invitati d'onore: **Salserín**, la boyband più amata dalle ragazzine venezuelane dell'epoca, con alla voce **Servando y Florentino**, i fratelli Primera. Tutti li aspettavano. Tutti… tranne noi.

Noi eravamo la band d'apertura. Dovevamo solo scaldare il pubblico. Ma io avevo altri piani.

Salimmo sul palco davanti a **più di 3000 persone**, e di quelle 3000, forse **2900 erano ragazze**. Il sole picchiava, l'adrenalina anche di più. Guardai la folla, presi il microfono e urlai:

"¿Dónde están las mozas que les gusta Salserín?"

Un boato. Urla, applausi, una marea umana che impazziva sotto il sole di Caracas.

E attaccammo subito con **"La Moza"** dei *Maracaibo 15*. Un pezzo veloce, ritmato, tropicale. La gente ballava, saltava, gridava. E io… io ero nel mio regno.

In quel momento ero invincibile. Non ero più uno studente, non ero più un ragazzo qualsiasi. Ero una stella, almeno per quei minuti. **Vivevo il sogno.**

Mentre scendevamo dal palco, un'altra scuola stava salendo per esibirsi. E lì la vidi. Una ragazza del corpo di ballo. Non l'avevo mai vista prima.

Ci incrociammo una, due, tre volte tra un'esibizione e l'altra. Ogni volta, lei mi fissava, mi sorrideva, mi diceva che amava la mia voce… e poi scappava via. **Non mi disse mai il suo nome.** Non lasciò nemmeno un numero. Ma io la ricordo ancora oggi come **"la fan enamorada"**, come la canzone di Servando y Florentino.
Una presenza rapida, intensa, inspiegabile.

Quel giorno vincemmo **il primo posto** del festival. Meritato, sudato, celebrato. Ma la vera vittoria per me fu quel momento di fuoco con il pubblico. Quell'urlo. Quelle **3000 urla**.

Era l'inizio di qualcosa. O forse la conferma che ero nato per il palco.

Capitolo 13 – La Brujita Picante

Dopo Stigma e dopo le Gaitas, sentivamo che dovevamo fare qualcosa di diverso. Qualcosa di nostro. Luis, che era sempre un passo avanti (o almeno così credeva lui), decise — praticamente da solo — che era il momento di iscriverci a un altro festival. Questa volta non si trattava più di interpretare. **Si trattava di creare.**

Era il **Festival Intercolegial de Nuevas Bandas**. All'Ateneo de Caracas.

Un posto sacro per chi voleva dire qualcosa con la musica. E stavolta, il gruppo non si chiamava più Stigma. Eravamo **La Brujita Picante**. Un nome assurdo, provocante, quasi infantile… ma sotto quel nome c'era **un cuore rock che pulsava forte.**

Emiliano non c'era più. Troppo impegnato con gli esami, la tesi, la laurea. Studiava con mio fratello, e in quel periodo la musica per lui era una pausa, non un progetto. Ma noi andammo avanti.

I pezzi li aveva scritti Luis, Douglas e Armando e lo zampino di Lorena. Io dovevo cantarli.

E questa volta, **era tutta farina del nostro sacco. Tutto vero. Tutto nostro. Tutto in gioco.**

La Brujita Picante era una follia musicale. Una fusione impura e sincera. Ska, rock, reggae, funk. Un mix che non rispettava le regole ma le riscriveva. Luis scriveva testi complicati, con giochi di parole, incastri strani, metafore assurde. Io li cantavo come se fossero preghiere laiche. Erano strani. Ma erano forti. E la gente ascoltava. Magari non capiva tutto, ma sentiva che c'era dentro qualcosa di vero. Qualcosa che ci apparteneva.

Arrivammo terzi al Festival. Un podio. Un riconoscimento. E per me, un segnale. Era il momento di fermarmi. Di mettere in pausa la musica. Perché a scuola non andava bene. Avevo rischiato di perdere l'anno. E la scuola dove ero — il Colegio Marbe della Castellana — nonostante avessi passato tutti gli esami di recupero, disse che non ero pronto per l'ultimo anno. Tradotto: "Claudio, devi andartene."

E così cambiai scuola. Un'altra volta. Dal mondo borghese e patinato del Marbe, passai al Colegio Patria. Tutta un'altra cosa. Tutta un'altra gente. Tutto più semplice, più vero, più umano.

Ed è lì che, finalmente, ho preso il mio diploma di Bachiller en Ciencias. Con fatica. Con testa. E con tutta la vita ancora davanti.

Al Patria sembrava tutto più alla mano. Ma io ero un disastro. Avevo sei materie da recuperare. Le chiamavano le "tres Marías": fisica, chimica e matematica. Aggiungeteci biologia. E il quadro è completo.

Dovevo salvarmi. Copiare, arrangiarmi, trovare il modo.

Ricordo in particolare un professore: Di Blasio. Mi sorprese a copiare e, anziché incazzarsi, mi disse con un sorriso inquietante:

'Claudio, lo sai che a me piace il 12 anni, vero?' Io lo guardai. E capii subito: **la mia laurea mi sarebbe costata una cassa di Black Label.**

A settembre, la consegnai.

E così, tra miracoli scolastici, appunti rubati e whisky in saldo, portai a casa il mio diploma. Bachiller en Ciencias. Il mio primo traguardo serio. Non fu un successo accademico. Ma fu una vittoria personale. **Perché anche quando il mondo sembra barcollare… c'è sempre un modo per stare in piedi.**

Capitolo 14 – Yami e la maturità spinta

Yamileth studiava con me al *Colegio Patria*. Aveva un anno in più, ma eravamo allo stesso anno di scuola, l'ultimo.

Era impossibile non notarla: **morena, occhi profondi, sicura di sé, con una maturità fuori dal comune**.

Mi desiderava. E non faceva nulla per nasconderlo.

A volte, mentre il professore spiegava, lei si avvicinava con la scusa di un compito e, senza dire nulla, mi sfiorava in modo esplicito. **Sotto il banco, davanti a tutti. Anche davanti ai prof.**

Era una continua provocazione. Un gioco pericoloso e irresistibile.

Un giorno mi invitò a casa sua. Non c'erano i genitori, "passa che parliamo un po'" – disse. Ma **non c'era nulla da dire. C'era solo da fare.**

Mi aspettava sotto il condominio con un **vestito rosso**. Lungo, aderente, con una **cerniera che partiva dal collo e arrivava fino in fondo**. Quando entrò in casa, tirò giù quella zip in un colpo solo. **Sotto non portava niente.**

Non era la prima volta per lei. E nemmeno per me. Ma **era la prima volta che qualcuno mi faceva sentire così desiderato. Così "scelto"**.

Yami era stata la fidanzata di mio cugino. Lui lo sa, lo ha sempre saputo. E ci ridiamo sopra. Perché il passato è passato. Ma **alcune notti restano. Bruciano. E non si dimenticano.**

Quella sera non fu solo sesso. Fu un momento fuori dal tempo, **carico, caldo, assurdo e perfetto**. Una delle esperienze che ti formano. Che ti restano dentro.

Con Yami ho scoperto un lato di me che non conoscevo. E che non ho più dimenticato.

Capitolo 15 – Neve e desideri nelle Ande

Dopo il diploma, presi e partii. Avevo bisogno di staccare. Di capire chi ero. E dove volevo andare.

Mérida mi sembrava perfetta. Montagna, neve, silenzio. Mérida è una piccola cittadina nelle Ande venezuelane, l'unico posto del paese dove si può toccare la neve, tra il Pico Bolívar e il Pico Espejo, a più di 4.000 metri d'altezza. Proprio lì si trova la funivia più alta e lunga del mondo. E non solo: c'è anche un Guinness dei primati, grazie alla gelateria con più gusti al mondo.

A Mérida viveva mia cugina Jessica — la cugina più bella che avessi mai avuto. "Da Miss Venezuela," diceva zio Lucio. E aveva ragione.

In casa c'erano zia Mónica, nonna Blanca, e la zia. Lei… faceva palestra in cantina. Aveva un corpo scolpito e un'aura che mi distruggeva. E quante notti ho sognato che fosse lei a togliermi i desideri più nascosti. Non è mai successo nulla. Solo pensieri. Solo fantasie.

Poi arrivò Pati, un'amica di Jessica. Con lei ci scambiavamo lettere. Non mail. Lettere vere. Con carta, busta, speranza e attesa. Una volta mi mandò una foto con una dedica. La conservai come un amuleto e ancora oggi so di averla da qualche parte.

Oggi è sposata con un mio amico del Raizal, Fer. Stanno bene insieme a Madrid. E io… mi ricordo tutto. Come si ricordano i sogni che non si realizzano. Con dolcezza, e senza rancore.

Tanti sono gli aneddoti di Mérida, ma uno in particolare mi è rimasto nel cuore.

Una sera, Jessica propose di andare a comprare il famoso vino di more del Páramo. Accettai subito. Salimmo in macchina e partimmo, solo noi due, con la radio accesa e la voglia di sentirci grandi. Arrivati su, tra nebbia e silenzi, comprammo il vino e, senza troppi giri di parole, cominciammo a berlo mentre scendevamo verso casa.

Non ci rendevamo conto di quanto stessimo bevendo, o forse sì, ma ce ne fregavamo. Ridevamo, ci raccontavamo storie, guardavamo la strada che si snodava tra curve e pini, con quella sensazione che solo l'adolescenza e l'altitudine sanno dare: libertà pura.

Quando arrivammo a casa, traballanti e con gli occhi lucidi, ci accolse mia zia... e si incazzò come una furia. Non sapeva se preoccuparsi o urlare. Noi cercavamo di sembrare sobri, ma era come nascondere la pioggia con le mani.

Quella sera fu una di quelle che non si dimenticano: un misto di incoscienza, vino dolce e sentimenti sospesi.

Capitolo 16 – La cartolina mai letta

Siamo nel 1997, forse ottobre, forse novembre. Avevo diciotto anni. Stavo per iniziare l'università alla Nueva Esparta, ma prima decisi di fare un viaggio. Un'esperienza. Due mesi a Boston, per imparare l'inglese. A casa di mio fratello e sua moglie di allora.

Con lei non è stato facile. Non ci sopportavamo. Si lamentava di tutto, pretendeva che io fossi la sua donna delle pulizie. Tornava dall'università e voleva la casa perfetta. Pulita, lucida, immacolata. Altrimenti rompeva i coglioni a mio fratello.

Io cercavo solo di evitare litigi. Pulivo. In silenzio. Con la rabbia in gola e la testa altrove.

Abitavano a Harvard Square, uno dei quartieri più ricchi di Boston, se non ricordo male. Io mi ero iscritto a una piccola scuola per imparare l'inglese. Perché nella mia testa, all'epoca, volevo diventare il re del turismo in Venezuela. E per quello l'inglese era d'obbligo.

Quando sono partito, ho salutato Emiliano. Mio fratello, anche se non di sangue. Il nostro legame era forte. Passavamo i pomeriggi a giocare a FIFA al PC. A parlare, a ridere, a suonare.

Quel giorno l'ho abbracciato forte. Gli ho detto: "Amico mio, mi raccomando…" E lui: "Cazzo, parti per due mesi, non per tutta la vita. Smettila."

Mi è rimasta impressa quella frase. Ma non so perché… quei due mesi mi sembravano un'eternità.

Pochi giorni dopo essere arrivato a Boston, presi una cartolina. La prima che trovai con una bella foto della città. E gli scrissi dietro:

"Non è un'eternità, ma tu sei come un fratello. Tanti saluti da Boston. Spero ti arrivi prima che io torni."

L'ho spedita. Ma quella cartolina lui non l'ha mai letta.

Era la notte di Halloween. Eravamo a Salem, la città delle streghe, io, F e Mrs. D. Avevamo fatto tardi. Poi siamo rimasti fuori fino al Ringraziamento. Il mio primo tacchino ripieno americano.

Poi si torna a Boston. È sera. Siamo a casa. Stanchi.

Squilla il telefono fisso. Fabio risponde. Io lo guardo. Dopo tre secondi sento solo:

"No, no, no… Emiliano no…"

Scoppia a piangere. Mi abbraccia. Mi guarda. E dice:

"Claudio… Emiliano non c'è più."

Silenzio.

Poi mi racconta: Emiliano quella sera era andato fuori Caracas, a una cena con la fidanzata. Non aveva bevuto. Voleva guidare lucido. Voleva tornare a casa tranquillo.

Ma sulla via del ritorno, un carro attrezzi ha invaso la sua corsia. Viaggiavano a 180 km/h. Lui ha reagito. Ha sterzato verso il guardrail. Ma la macchina si è spezzata in due.

La sua fidanzata è uscita illesa. Lui no.

Il tachimetro era conficcato nel suo petto.

Io non ero lì. Io non c'ero. E mi sono sentito una merda.

Quella cartolina che avevo spedito… l'ha ricevuta sua madre. Settimane dopo. Una cartolina con un messaggio per suo figlio. Un messaggio che lui non ha mai potuto leggere.

E da quel giorno, qualcosa in me è cambiato. Emiliano se n'era andato. Ed io avevo un buco nel cuore. Un senso di colpa che ancora oggi, a volte, torna a bussare. A chiedermi: "Perché non c'ero?"

Lo ricordo sempre. Lui e i suoi libri di Nietzsche. Le sue mani piene di calli, suonando la batteria sotto il sole di Río Chico. Quel suo modo profondo di pensare. Di parlare. Le sue riflessioni, la sua presenza.

Lui mi chiamava, mi raccontava le sue cose, anche se avevo sei anni in meno di lui. Anche se ero solo il fratellino di un suo amico dell'università.

Ma per lui ero Claudio. Un amico. Un confidente. Un'anima.

Ti penso tanto, amico mio. E ti ricordo sempre.

E non importa quanto tempo passi, perché tu sei rimasto qui, nel mio cuore, nelle mie notti, nella mia musica.

E nella mia storia.

Capitolo 17 – Il sogno turistico

Universitates habemus! Era il momento di iniziare davvero. Scelsi l'Universidad Nueva Esparta de Caracas, nel quartiere borghese di Los Naranjos. Una zona elegante, ordinata, che sembrava ancora lontana dal caos che da lì a poco avrebbe travolto tutto.

Mi iscrissi a Amministrazione di Aziende Turistiche. Per me era un sogno. Pensare di studiare proprio quello, in un paese con un potenziale turistico gigantesco, era come credere ancora in un futuro possibile. Pensavo alle spiagge, ai parchi, alla cultura, alle montagne, a tutto ciò che il Venezuela aveva da offrire.

In quel momento, Chávez era già uscito di prigione da qualche anno. Si parlava di lui sempre di più, ma era ancora un'eco lontana per molti. Nessuno poteva immaginare…

All'università avevo delle belle amicizie, in particolare Melina, eravamo un gruppo affiatato, e tanto. Abbiamo fatto subito amicizia, il che rendeva tutto meraviglioso. Studiavamo, sì, ma erano più belli i momenti di festa insieme a loro. Momenti unici, che di sicuro non torneranno…

Con loro ho fatto tre viaggi indimenticabili.

Il primo fu a Tintorero, con Melina, Jenny e Armando. Un viaggio nella Venezuela artigianale. In quel paesino super particolare si producono a mano i "chinchorros". Non le amache che conosciamo in Italia, ma quelle vere: colorate, artigianali, fatte a mano. A me piaceva Melina. Era bassa, capelli castano scuro, e due perle azzurre come occhi. Quegli occhi di ghiaccio mi facevano impazzire. Con lei non è successo mai nulla, solo una bella amicizia. Tintorero fu una bella avventura: un viaggio di circa cinque ore in macchina e tante risate fra noi quattro. Era per completare un lavoro dell'università. La cattedra era Folklore e cosa più folklorica delle amache in Venezuela? Il risultato fu pazzesco: facemmo un lavoro incredibile.

Poi arrivò Margarita, per il **CoNeHoTu** – Congresso Nazionale del Turismo. Una settimana intera in quell'isola. Il mio vero primo viaggio da solo con gli amici. Ogni giorno discoteca, e con la convenzione del congresso non si pagava un cazzo.

All'andata prendemmo il traghetto: dieci ore di barca. Avevamo pagato la seconda classe ma ci siamo infiltrati in prima. Un frigo portatile enorme pieno di ghiaccio, birra e rum e cola, uno stereo con i CD pieni di musica da ballare… diventammo i re della festa su quel traghetto.

Lì conobbi una ragazza dell'Universidad de Los Andes. Una ragazza di Mérida che mi fece perdere la testa quella sera.

Ballammo merengue. I corpi si univano in un ballo sempre più caldo. Il livello di alcol era molto alto. Non ricordo esattamente come, ma finimmo su una panchina. Lei coricata con la testa sulle mie gambe, io che la massaggiavo ovunque, fino a infilare le dita dentro le sue mutande. Lei si lasciava fare tutto. Poi si alzò e disse: "Quel massaggio mi è piaciuto troppo", e mi infilò la lingua in bocca mentre la barca arrivava a Porlamar. Era l'alba, le sei del mattino. E io pensai: "Bienvenido a Margarita, Claudio. Iniziamo bene."

Durante la settimana ci incrociammo altre volte. Ogni volta un bacio lungo e appassionato. Poi ci salutammo per sempre. Ognuno tornò alla propria vita.

Poi c'è stato un viaggio memorabile con tutti i ragazzi dell'Università a Los Roques.

Alla Nueva Esparta però, dopo due anni circa, le cose iniziarono ad andare male. Lo studio perse la mia dedizione dopo un colloquio con il Direttore dell'Hotel Tamanaco di Caracas – una delle realtà più importanti della catena Intercontinental. Mi disse che con quella laurea sarei finito a timbrare biglietti in una scadente agenzia viaggi. E io sinceramente non mi vedevo così. Io volevo sedermi al suo posto da grande. E così il mio entusiasmo svanì.

Mi trovavo in un momento in cui guardavo mio padre e vedevo un gigante. Lui era arrivato in Venezuela a 20 anni, in un Paese sotto la dittatura di Marcos Pérez Jiménez. Vendeva chiclets, poi passò a vendere shampoo, e da lì diventò manager, fino a diventare amministratore di un distributore di un famoso whisky. A casa mia c'erano scatole e scatole di quel whisky famoso, merchandising ovunque. E poi divenne gerente generale delle vendite per una multinazionale di biscotti. Un genio che si era costruito il suo impero.

Mamma invece era gerente di crediti per un'azienda che distribuiva un marchio importante tedesco di penne e un altro di fotocopiatrici. Avevo due esempi giganteschi a casa. E io… stavo perdendo il treno mentre mio fratello faceva il Master a Boston in Business Administration.

Così decisi di cambiare aria. Mi iscrissi anch'io a Scienze della Comunicazione, ma all'Universidad Santa María a Caracas. Pensando che lì avrei trovato il mio futuro.

Invece…

Capitolo 18 – Universidad Santa María: ultima chiamata

All Universidad Santa María non si studiava solo Comunicación Social. Si imparava a vivere. A vivere di notte, soprattutto.

Io avevo appena iniziato il primo anno, ma era chiaro fin da subito: lì dentro il vero corso era *Sociología de la fiesta*.

Proprio davanti all'ingresso dell'università c'era *Barraquito*. Non era una discoteca. Era un'istituzione.

Con il badge universitario entravi gratis, e dentro ti accoglievano luci stroboscopiche, sudore, e quel *tumps tumps* costante che ti faceva ballare anche contro la tua volontà. Niente reggaetón, no. All'epoca dominavano il merengue, la salsa, la dance — musica che ti prendeva per la vita e non ti lasciava andare.

C'era sempre qualcuno che si esibiva con una figura perfetta di salsa, e qualcun altro che si innamorava guardandolo.

Una volta stavo facendo un esame e dalla finestra dell'aula sentivo la cassa pulsare da sotto. La mente era con il professore, ma il corpo era già lì, a ballare.

Barraquito era la vera aula magna. Tutto il resto era solo intervallo.

Ricordo una scena all'università: Gabba era venuto perché la sua fidanzata studiava nella stessa facoltà. Mi trovò al bar, in mezzo a due gran belle donne... tutte e due che mi coccolavano ed io lì, beato in mezzo a loro. Gabba, con la sua solita ironia, esclamò:

"Cristo, sei in paradiso coño de madre!"

Ridevamo sempre. Anche quando il mondo intorno sembrava esplodere. Perché quella fase lì... era la nostra ultima chiamata per essere leggeri.

In realtà, non ho mai fatto nulla di male lì dentro. All'università non ho combinato proprio niente.

Solo una volta una mi ha rubato un bacio a stampo. Un'altra non mi si filava di striscio, e poi ce n'era una – mai capito se ci faceva o ci era – che un giorno mi ha toccato il culo mentre salivo le scale. Mi sono girato e le ho detto: **"Ehi, non abusare!"** E lei, con uno sguardo da sfida: **"Se abusassi davvero, ti infilerei un dito nel culo."**

Finii lì. Tutto lì.

E se penso che quello è stato uno dei momenti clou della mia vita accademica... beh, allora ho detto tutto.

Capitolo 19 – Café.com: un sogno connesso

Café.com è stato il motivo per cui ho abbandonato gli studi. Douglas ci lavorava come cuoco. L'ambiente era giovane, vivo, pieno di energia.

Era uno di quei posti che oggi non esistono più.

Un vero cyber caffè: dodici PC con connessione internet, tavolini per mangiare, ragazzi ovunque. Potevi ordinare un panino delizioso mentre finivi una ricerca su Word o chattavi con il tuo primo amore su ICQ.

Io ci entrai come cameriere, servendo cibo e aiutando chi non sapeva usare bene il computer. Ma mi innamorai del posto. Dell'atmosfera. Di quella sensazione di essere nel futuro. Il proprietario notò il mio entusiasmo e in pochi mesi mi affidò la gestione. Diventai il responsabile.

Avevo vent'anni e mi sentivo un re. Un cyber-re. Responsabile di un locale alla moda, sempre pieno.

E fu proprio lì, tra un cappuccino e un download lento, che decisi di mollare l'università. Non perché non fossi capace, ma perché avevo trovato un posto dove sentirmi importante. Dove la mia voglia di comunicare e stare tra la gente aveva finalmente trovato casa.

Café.com non era solo un lavoro. Era l'inizio di una nuova tappa. Una tappa che, come tutte le più belle, non è durata per sempre… ma ha lasciato un segno profondo.

Capitolo 20 – Da Dio, Jump e labbra sfiorate

Una sera andammo alla discoteca Da Dio, a La Mercedes. Un posto che sembrava uscito da un videoclip anni '90, tutto luci colorate, bottiglie giganti e gente che si credeva importante anche senza esserlo. Lì dentro hanno girato il videoclip di BOMBA!, la famigerata hit di Jump. Sì, proprio quella.

Jump abitava a Guarenas, un barrio duro. Lo conoscevo di vista, e mai avrei pensato che sarebbe diventato miliardario grazie a quella... cosa. Mi chiamò la direzione per "dare una mano alla produzione". In realtà non feci un cazzo. Passeggiavo, bevevo, ridevo. Ma tecnicamente, ho partecipato al videoclip. Jump era pieno di sogni, sudore e arrogante energia. A un certo punto mi urlò nell'orecchio: 'Seeeerrrrsy mamiiiiiii!' Ancora oggi, quando sento quella cazzo di canzone in radio, in palestra o in qualche story su Instagram, sento un brivido dietro la nuca. E lo odio. Lo odio profondamente. Perché ha fatto milioni con una merda… e io stavo ancora pedalando per andare al lavoro.

Una sera siamo andati con Choco, El Chupe, alcuni suoi amici e la sua ex ragazza (che ora è sua moglie, ma in quel periodo si erano dati una pausa). Anche lei, ogni tanto, mi sembrava come se io le piacesse... quella sera le nostre labbra si sono sfiorate. Lei mi parlava così vicino che in due occasioni ci siamo sfiorati. Un amico di El Chupe ci ha visti e l'infame è andato a dire a lui che ci stavamo baciando… meno male che io ho visto la scena e sono andato io a raccontare la mia versione, altrimenti si sarebbe scatenato un putiferio. Per fortuna era un periodo di pausa fra di loro, ma comunque il mio amico era troppo preso da lei e io l'ho sempre rispettato.

A Da Dio ci andavamo spesso, quando non si scendeva a Río Chico. Quando andavamo con Choco, c'era sempre da ridere. Dionisio, il padrone della disco, non lo voleva mai fare entrare perché era sempre mal vestito: o la polo non era adatta, oppure le scarpe… fatto sta che Dionisio lo vedeva con le sue arie gay molto particolari e gli diceva: "Vai a casa, cambiati e poi torna", come se il suo locale fosse l'unico di Caracas.

Poi però ci facevano sempre entrare, dopo averlo pregato in tutte le lingue o quando capiva che noi lì dentro andavamo a consumare bottiglie di rum o di vodka, a seconda dell'occasione.

Una volta dentro, Choco era il classico che a un certo punto diceva: "Ora vengo, ho dimenticato a casa il libretto degli assegni". Oddio, ti ricordi quei pezzi di carta? Bene, il suo classico era proprio quello… e poi non si rivedeva più.

Eppure, ogni serata lì dentro sembrava una puntata di un film scritto da noi. Tra risate, situazioni ai limiti, battiti accelerati e quella musica che ancora oggi mi suona in testa ogni volta che chiudo gli occhi e torno a Caracas.

Capitolo 21 - La ragazza con la tuta e il frullato alla fragola

Lavoravo al Café.com da un po’ quando entrò lei. Una di quelle giornate come tante, finché la porta si aprì e cambiò tutto. Indossava una tuta super aderente, di un marchio famoso in tutto il mondo per le lamette da barba. Era lì per fare la promoter al supermercato vicino. Ma non sembrava una semplice promoter. Sembrava una che stava scappando.

La salutai. Mi chiese un frullato alla fragola. Quel giorno le feci il frullato più appariscente della mia carriera: decorazione interna al bicchiere con cioccolato, panna montata, fragole intere sopra. Rimase colpita. Mi disse che era già passata altre volte, ma un frullato così non glielo avevano mai preparato.

Mi raccontò che scappava dal suo ex. Che abitava a Guatire. Che non aveva la macchina e avrebbe dovuto attraversare Petare in pullman per tornare a casa. Solo a pensarla in mezzo a quel caos, con quella tuta, mi vennero i brividi. Petare, poi Guarenas... territori impenetrabili, dove pure l’esercito fatica a entrare.

Mi offrì il suo mondo con poche parole: sua madre, due sorelle e un fratello – figli del patrigno – vivevano in una favela, in un barrio tutt'altro che amichevole. Suo padre non lo conosceva. Viveva con la nonna, una donna forte come lei.

Le offrii un passaggio. Non per galanteria, ma per istinto. Per paura. Per rispetto. Perché una guerriera come lei meritava almeno un po’ di tregua.

Capitolo 22 – Hola, todo bien!

Non accettò il passaggio. Mi ringraziò con un sorriso appena accennato e, prima di andarsene, mi diede il suo numero. "Solo per farmi sapere che sei arrivata a casa intera," le dissi. Mi guardò negli occhi e annuì. Due ore dopo, puntuale come se ci fosse già qualcosa tra noi, ricevetti il messaggio:

"Hola, todo bien! Quédate tranquilo, estoy en casa."

In quel momento dentro di me si accese qualcosa. Mi piaceva. E non poco. Da lì iniziò la mia piccola missione personale: conquistarla. Cene improvvisate, aperitivi in locali nascosti di Caracas, passaggi che diventavano scuse per vederla ancora un po', per allungare il tempo. Ogni occasione era buona per restare con lei.

Una sera la portai al **Mirador di Santa Fé**. Quel posto aveva qualcosa di magico, di tragico e poetico allo stesso tempo. Dall'alto si vede tutta Caracas: il suo caos, il suo splendore, il suo dolore. Favela e lusso, baracche e ville. Una ferita aperta che si estende fin dove lo sguardo arriva. Eravamo lì, seduti, con la città ai nostri piedi. Avrei voluto baciarla. Ma non successe niente.

Lo scoprì dopo, ridendo:

"No me gustaron tus pantalones ese día… estabas todo sucio." Aveva ragione. Ero vestito ancora con i pantaloni da lavoro, macchiati di mille gusti tra succhi, frappè e caffè. Ma forse fu proprio quel dettaglio a renderla vera, sincera. Ridevamo insieme, iniziavamo a conoscerci. Stavamo legando. E anche se quella sera non ci fu nessun bacio… fu l'inizio di tutto.

Capitolo 23 – Nel cuore di Guatire

Sua madre viveva con il marito, le due figlie e un figlio – tutti figli dell'uomo – in una delle **favelas più dure di Guatire**. Non era un posto per deboli. Né per curiosi. Era uno di quei quartieri dove **anche l'esercito entrava solo se strettamente necessario**... e spesso usciva con qualche cicatrice in più.

Ricordo ancora **la prima volta che ci sono andato**.
Non potevo salire da solo. Mi accompagnò sua perché **era l'unico modo per farmi "riconoscere" dal barrio**.
Lì non si scherza.
Se non sei della zona, sei un bersaglio.
E il rispetto passa per la famiglia, non per chi sei.

Appena messo piede nella zona, sentivo gli sguardi.
Occhi dietro le grate, sguardi lunghi dagli angoli, parole a bassa voce in dialetto.
Ma con lei al mio fianco, nessuno mosse un dito.

In quei luoghi, **la legge non è scritta su un codice penale, ma tatuata sulla pelle**.
E anche solo camminare in salita, tra case fatte di lamiere e cemento grezzo, significava attraversare un mondo a parte.

Capitolo 24 – Caracas, stanze segrete

Tanto ho insistito, che alla fine l'ho convinta. A lasciare Guatire. A trasferirsi a Caracas. A prendersi uno spazio tutto suo… più vicino a me.

Avevo trovato una camera in affitto a pochi isolati da casa mia, in una casa abitata da una coppia di anziani gentili, con il sorriso sempre pronto e il caffè che profumava la mattina.

Lei accettò. Non solo per me. Anche per lei stessa. Perché tornare ogni sera, passando per Petare, significava sfidare la sorte.
E quando si è giovani, innamorati e spericolati, il pericolo si sottovaluta. Ma resta lì, a pochi passi.

Caracas era la nostra città, ma non ci ha mai fatto sentire al sicuro.
E proprio per questo, paradossalmente, ogni momento rubato diventava più intenso.

Avevamo preso l'abitudine di incontrarci **negli hotel della città**, quelli che ormai conoscevano anche le nostre preferenze. La stanza all'ultimo piano, con la finestra che dava sui tetti. Le lenzuola stirate, la doccia sempre tiepida, e un silenzio sospeso che sapeva di tregua. Erano i nostri rifugi. I nostri spazi segreti.

A volte, però, **non riuscivamo ad aspettare**. Lo facevamo in macchina, nascosti in qualche angolo buio, con l'adrenalina in gola e l'eco di un motorino che passava troppo vicino. Era pericoloso, lo sapevamo. Ma era anche parte del gioco. **Ci stavamo scegliendo**, ogni volta, contro tutto.

Capitolo 25 – Camicia e cravatta nel caos

Con l'inizio della crisi del 2001, **Café.com chiuse i battenti**. Quel piccolo universo colorato fatto di frappè, risate, connessioni lente e primi flirt si era spento. Il Venezuela cominciava a cedere, e con lui anche i sogni più semplici.

Fu mia madre ad aprirmi una porta. Aveva un amico nel settore del recupero crediti. Gli chiese se poteva darmi una possibilità. E così, quasi senza accorgermene, passai **dalla maglietta macchiata di frullati alla camicia stirata e alla cravatta ben annodata.**

Entrai in un mondo nuovo, freddo, spietato. Un mondo fatto di **numeri, scadenze e telefonate dolorose.** Lavoravo a stretto contatto con una delle banche del paese, e mi occupavo di **recupero crediti ipotecari.** Nel peggior momento possibile. Un paese diviso in due, spaccato politicamente, economicamente, umanamente. La gente perdeva il lavoro, le famiglie si sgretolavano, **le case venivano pignorate.** Ed io… Io dovevo chiamare quella gente.

"Buongiorno signora, la contatto per ricordarle che la rata del mutuo risulta in sospeso da tre mesi. Se non viene saldata entro sette giorni, la casa verrà sottoposta a procedura esecutiva." Frasi che mi restavano appiccicate addosso come il sudore nelle giornate senza luce.

Non c'era niente di umano in quel lavoro. Solo la voce incrinata dall'altra parte della linea. E la mia, che provava a sembrare professionale, ma dentro stava morendo un po' ogni giorno.

Mi odiavano, e non li biasimavo. Anch'io, se fossi stato al loro posto, **avrei odiato uno come me.**

Eppure, dall'altro lato, **qualcosa in me si accendeva.** Ogni volta che prendevo in mano un caso, ogni volta che analizzavo le clausole del contratto, ogni volta che riuscivo a trovare una soluzione… **Mi sentivo come Mike Ross in *Suits*.**

Non avevo una laurea. Non avevo nemmeno una formazione legale. Ma sapevo leggere tra le righe. Sapevo usare le parole. E soprattutto, sapevo ascoltare.

Con il tempo, iniziarono a chiamarmi **"Dottor Di Giammarco."** I debitori pensavano fossi un avvocato, uno tosto, uno che non mollava mai. Ed io… lasciavo fare. Non li correggevo, ma non mi sono mai identificato in quel modo. **Per ovvie ragioni legali, certo.** Ma anche per onestà. Sapevo di non essere un dottore. E forse, proprio per questo, mi impegnavo il doppio. Perché dentro di me, volevo dimostrare che **il titolo non fa l'uomo. La coscienza sì.**

Capitolo 26 – L'anno dei colpi di stato

Avevo solo dodici anni. Ero un ragazzino come tanti, con la testa piena di sogni, la cartella sulle spalle e le ginocchia sbucciate. Poi tutto si è fermato.

Hugo Chávez. Lo ricordo da allora, non dal giorno in cui è diventato presidente. Ma da quando, in quell'anno maledetto, tentò non uno, ma **due colpi di stato.** Il primo a febbraio. Il secondo a novembre. Entrambi falliti. Eppure, due anni dopo, venne **assolto grazie a un'amnistia** concessa dal presidente Rafael Caldera. Solo Dio sa perché.

In quei giorni **Caracas sembrava in guerra**. Le scuole chiuse. I negozi sbarrati. La città sotto coprifuoco. **I diritti costituzionali sospesi.**

Si poteva uscire solo per motivi gravi, o per fare la spesa. Le strade erano deserte, eppure **l'aria era carica di paura**. Rumori strani, colpi in lontananza. E quel suono che non dimenticherò mai: **gli aerei militari che volavano così bassi da far tremare i vetri delle finestre.** Sembravano terremoti. E io, che avevo solo dodici anni, credevo davvero che **il mondo stesse per finire.**

È stato il mio primo incontro con la parola **"terrore".** Un terrore che non arrivava da un mostro sotto il letto, ma da uomini in uniforme, da notizie in TV, da adulti che parlavano a bassa voce credendo che noi bambini non capissimo. Capivamo. Eccome se capivamo.

Ma tra tutti, **la più spaventata era mia nonna.**

Lei le guerre le aveva vissute davvero. La **prima** e la **seconda guerra mondiale**. Le aveva attraversate da giovane madre, con la fame, con la paura, con la rabbia e la dignità che solo certe donne conoscono.

Quando vide **Chávez in televisione**, tremava. **Tremava di rabbia, e tremava di paura.** Diceva che quello che stava succedendo le ricordava quei tempi oscuri. Si copriva la bocca con la mano, come per trattenere un urlo, o per non dire tutto quello che sapeva.

A volte **piangeva.** Silenziosamente. Davanti allo schermo, come se volesse fermare il futuro che stava per arrivare.

E io, che ero solo un bambino, **capivo che non era un gioco.** Che se mia nonna aveva paura, **dovevamo averne tutti.**

Capitolo 27 – Il paese spaccato

Tutto quello che avevamo vissuto nel ’92 sembrava solo il prologo.

Nel 2002, **Hugo Chávez era ormai al potere da quattro anni.** Un potere che gli aveva consegnato il popolo con un referendum, dove aveva chiesto – e ottenuto – **il diritto di governare senza passare dal Parlamento, e di essere rieletto indefinitamente.** Un uomo solo al comando. Un populista con una visione totalitaria mascherata da rivoluzione.

Il Venezuela era **spaccato in due**. **Chi lo amava e lo idolatrava. E chi, come noi, lo odiava con tutte le forze.**

Chávez non aveva solo distrutto l’economia o il sistema democratico.

Aveva **distrutto famiglie, amicizie, rapporti di una vita.** Bastava pensarla diversamente, e improvvisamente **tuo cugino, il tuo vicino, il tuo amico d’infanzia diventava un “nemico del popolo” o un “vendepatria”.**

E fu allora che cominciò **il Paro Nacional Indefinido.** Uno sciopero generale senza scadenza. Le aziende private chiusero i battenti.

Inclusa **PDVSA**, la compagnia petrolifera nazionale, orgoglio del paese. Una decisione che fece storia. Tutti chiedevano la stessa cosa: **le dimissioni immediate di Hugo Chávez.**

Capitolo 28 – Il trucco del mago

Con il paese paralizzato, lo sciopero che non si fermava e la gente esasperata, **Chávez giocò l'asso dalla manica.** Una mossa che **manco David Copperfield avrebbe potuto mettere in scena.** Una di quelle azioni che riscrivono la storia, e che nessun altro presidente, in nessun altro paese, avrebbe mai osato compiere.

Era tutto immobile. Il popolo diviso. Le strade vuote. Il paese congelato in un'attesa velenosa.

Poi, improvvisamente, **in TV appare il capo supremo delle Forze Armate del Venezuela.** Lucas Rincón. Divisa impeccabile, voce grave. Parla a nome delle Forze Armate.

"Le hemos solicitado la renuncia al presidente Hugo Chávez, la cual aceptò."

Il paese impazzisce.

Sembrava finita.

L'opposizione, colta alla sprovvista ma galvanizzata, grida al **vuoto di potere.** Invade il Parlamento. Convoca un consiglio d'emergenza. E nomina **Pedro Carmona Estanga** come presidente ad interim.

Intanto…
Chávez era scomparso.

Letteralmente.

Nessuno sapeva dove fosse. Non era più alla guida, non era in TV, **non era da nessuna parte.** Un fantasma. E intorno a lui, **il circo cominciava a montare le tende.**

Capitolo 29 – Il trucco del mago (continua)

Poi… come in una **telenovela mal scritta, ma vera fino all'osso**, iniziarono a circolare telefonate della figlia. Si diceva che **Chávez fosse prigioniero**, altri che fosse all'estero, altri ancora che stesse negoziando la fuga. La **CNN raccontava una versione**, i media nazionali un'altra. **Non si capiva più chi fosse il buono e chi il cattivo.** Sembrava una fiction.

Ma intanto, la gente cadeva davvero per strada. Il paese era fermo. E il caos cresceva.

Poi, all'improvviso, **il colpo di scena finale.**

Chávez torna.

Con la sua divisa. Con il suo tono da generale. E con **la Constitución Bolivariana** in mano. A reti unificate. Tutto il paese lo guardava.

Si sedette con calma, davanti alla telecamera. E iniziò a **scorrere una lista infinita di nomi.**

Uno a uno, come un giudice supremo, **licenziò in diretta nazionale** tutti i dirigenti di **PDVSA**.

"Señor tal, usted ha trabajado en tal cargo por tantos años… Gracias por sus servicios. Usted está despedido."

Così. Con quella voce pacata, ma tagliente come una ghigliottina. Andò avanti **per ore**. Nome dopo nome. Uomo dopo uomo. **Ripulì l'intera compagnia petrolifera del paese.**

E poi concluse, guardando fisso nella telecamera:

"Yo estaré en el poder, al menos, hasta el 2021."

Quella frase fu come **una pietra tombale sulle speranze di metà nazione.** E come un atto d'incoronazione per l'altra metà.

Era tornato. Più forte. Più temuto. Più solo. Più Chávez che mai.

Capitolo 30 – L'ultima illusione

Dopo il ritorno in scena di Chávez, **il paese non fu più lo stesso.** Non era solo una questione politica. Era **una ferita aperta nella pelle di ognuno di noi.**

La metà del Venezuela che lo odiava cominciò a spegnersi dentro. I sogni si facevano più piccoli. Le uscite più silenziose. Le parole più misurate, perché **non si sapeva più di chi fidarsi.**

Io continuavo a lavorare **nel recupero crediti ipotecari**, in uno dei momenti più bui della nostra economia. Ogni giorno alzavo la cornetta per dire a qualcuno che, se non pagava, **perdeva la casa.** E ogni giorno diventava più difficile.

La rabbia cresceva ovunque. Gente in strada. Proteste. Blackout continui. La benzina che cominciava a scarseggiare, ironia della sorte **nel paese con le più grandi riserve petrolifere del mondo.**

Mi sentivo **incastrato in un gioco che non avevo scelto.** Chávez era lì, più potente che mai, **con una nazione piegata ai suoi piedi.** E io non riuscivo più a vedere un futuro.

Fu in quel periodo che **iniziai a pensarci sul serio**. A **partire**. A lasciarmi tutto alle spalle. A voltare pagina.

Ma non era semplice. Avevo la prima EX. Avevo le mie zie, Avevo **tutto quello che avevo costruito**… eppure dentro sentivo che **non bastava più.**

Capitolo 31 – Le code, la bici e le illusioni

In quel periodo, **c’era fila in tutti i consolati a Caracas.** Italiani, spagnoli, portoghesi. **Tutti volevano scappare.** Si respirava un clima da guerra, ma senza bombe. Solo fame, paura e rassegnazione.

Non si trovava nulla. Gli scaffali erano vuoti. Niente zucchero, niente latte, niente carne. **La benzina? Introvabile.** Io lavoravo a cinque minuti da casa. Ma dovevo andarci in **bicicletta**, per risparmiare il poco carburante rimasto nel serbatoio.

Le barche cariche di petrolio stavano **ferme in mezzo al mare.** Anche loro, come noi, si erano unite allo sciopero. **Un paese seduto. Immobilizzato. Strozzato da sé stesso.**

Lavoravo ancora nel recupero crediti. Telefonavo ogni giorno a persone che rischiavano di **perdere la casa**, e molte di loro lo sapevano già. Le loro voci erano rotte. Ogni chiamata era una pugnalata al cuore, anche per me.

In quei mesi, i miei genitori **presero una decisione.** Presero i risparmi di una vita e partirono per l’Italia. **Volevano comprare un’attività. Qualcosa. Qualsiasi cosa.** Mio fratello, che viveva a Torino, gli diede una mano. All’inizio andarono a Teramo, ma **mia madre preferiva il Piemonte**, dove aveva molti parenti. Io restai a Caracas, a **tenere in piedi quel poco che restava della nostra vita lì.**

Cominciarono a **vendere i nostri appartamenti**. Svenduti. Non c’erano alternative. Il mercato era crollato, i prezzi storicamente bassi, e **la vendita doveva avvenire in dollari... ma in nero**, per via del controllo di cambio.

E nel frattempo, **la mia relazione con la prima ex era all'inizio**. Ci si viveva ancora di illusioni. Ma il contrasto era evidente. **La sua famiglia era chavista. La mia anti-chavista.** Due mondi che si incrociavano, ma che non parlavano la stessa lingua.

In molti credevano ancora in Chavez. Pensavano fosse il salvatore del popolo. Noi no. Noi avevamo già capito.

Il Venezuela stava diventando **la nuova Cuba**. E non c'era niente di romantico in tutto questo.

Capitolo 32 – Super Nonna

Prima di partire, voglio lasciare un pensiero per mia nonna.

Se n'è andata nel 2002, ma non passa giorno senza che io la senta vicina.

Lei odiava Chávez come pochi potevano farlo, anche se era una donna piena d'amore per tutti noi.

Si è presa cura di me e di mio fratello mentre mamma lavorava e papà, per quindici anni, abitava lontano. Tante volte andava a fare la spesa al supermercato vicino a casa, con me in braccio, mio fratello per mano e le buste della spesa in equilibrio.

Era una donna forte, che ha vissuto due guerre. Una Super Nonna, che mi ha insegnato l'amore incondizionato ed il coraggio di una vera guerriera.

Lei ci preparava il pranzo ogni giorno. Tante volte arrivava prima Titta, la mia zia più grande, poi arrivava mamma, poi arrivavamo io e mio fratello. A volte si aggiungeva papà e per ultima arrivava zia Paola, la gemella di mamma.

Mia nonna non solo sapeva cucinare benissimo, ma conosceva anche i gusti di tutti, quindi spesso ci preparava piatti diversi, personalizzati.

Ricordo i suoi gnocchi fatti in casa, con tutto l'amore che ci metteva sopra. E quelle fettine di carne cotte al burro...

Quando provo a farle io, non hanno lo stesso sapore. E di sicuro non lo avranno mai. Perché lei aveva l'ingrediente magico nel cuore, per tutti noi.

A te, nonna mia, questo mio pensiero dentro il mio libro. Spero che ovunque tu sia, ti arrivi questa mia dedica.

Ti voglio troppo bene.

Capitolo 33 – Il volo, il segno, l'Italia

Partii per primo. 21 agosto 2003. Le nostre cose, chiuse in un container, salparono via mare. Io, sul culo di un volo diretto Alitalia, Maiquetía – Roma. (che non esiste più)

Non era la mia prima volta in Italia. Ma la prima volta che ci arrivavo senza ritorno.

Avevo dieci anni l'ultima volta. Ricordavo poco. Solo qualche foto sfocata nella memoria. Adesso mi aspettava l'ignoto. Il freddo. L'Italia vera.

All'arrivo, mi aspettava mio fratello e Humberto. L'amico fedele. Un abbraccio lungo anni. Il primo sorriso in mezzo a tanta incertezza.

Sull'aereo non dormii. Pensavo alla prima EX. Pensavo a me. Pensavo a tutto. E a niente. Un flusso di pensieri che non sapeva dove atterrare.

Ma una cosa la sapevo. Una soltanto.

Anche se avessi fatto il benzinaio. Anche se fossi finito in un paesino sconosciuto tra le montagne. Avrei lasciato il segno. Come in Venezuela. Come sempre.

Perché non conta dove sei. Conta come ci arrivi. E io ero arrivato con il fuoco dentro.

Capitolo 34 – Far West piemontese

Nel mese di agosto 2003, l'afa mi schiacciava le palle non appena uscivo dal piccolo ufficio della stazione di servizio. Era un caldo umido e impietoso, paragonabile a quello di Maracaibo, che avvolgeva ogni cosa in una cappa tremolante.

Il sole batteva sull'asfalto della provinciale tra Mondovì e Villanova Mondovì, facendolo luccicare come uno specchio deformante. Il distributore IP dove avevo iniziato a lavorare, sembrava galleggiare in questo mare di calore: le pompe di benzina arroventate, l'aria ferma, il ronzio distante dei trasformatori elettrici.

Intorno c'era silenzio, rotto soltanto dal frinire assordante delle cicale nei campi dietro stanti e dal rumore di qualche auto che sfrecciava davanti senza fermarsi.

Indossavo la maglietta blu dell'IP incollata addosso dal sudore. Una macchia scura di gasolio decorava già l'orlo, ricordo di un rifornimento maldestramente traboccato.

Lavoravo lì con i miei genitori: ci ritrovammo tutti e tre dietro a quelle pompe, come pionieri di un nuovo inizio. Mio padre controllava i conti dentro l'ufficetto con il ventilatore cigolante, mentre mia madre aveva appena finito di sistemare gli scontrini del Self Service. Ogni tanto ci scambiavamo uno sguardo carico di faticosa solidarietà: nessuno di noi lo disse ad alta voce quanto fosse dura ricominciare, ma lo leggevamo negli occhi l'uno dell'altro.

Parcheggiata davanti c'era la mia Suzuki Swift scassata, la vernice bianca, quasi gialla scolorita dal sole e una ragnatela di graffi sulla portiera. Era l'auto con cui facevo avanti e indietro da casa al lavoro, 500 metri di strada ogni mattina lungo i campi di mais. Il motore tossicchiava in salita e spesso dovevo pregare che reggesse fino alla settimana successiva. L'avevo comprata usata, con i risparmi rimasti: un guscio di lamiera che speravo mi portasse almeno fino al prossimo inverno.

La mia patente venezuelana lì non valeva nulla. Lo scoprii appena arrivato, durante le prime pratiche burocratiche in Italia, e così dovetti rifare la patente da capo, come un ragazzino qualunque. Mi ritrovai a 24 anni seduto sui banchi di scuola guida insieme a diciottenni che mi lanciavano occhiate divertite.

Mentre ripassavo i segnali stradali e cercavo di capire le differenze del codice italiano, dentro di me cresceva un'amara frustrazione.

Sentivo che i miei ventiquattro anni vissuti in Venezuela non erano serviti a nulla: non una scorciatoia, non un riconoscimento, nemmeno per il diritto di guidare. Era come se tutto quello che avevo fatto dall'altra parte dell'oceano fosse stato azzerato.

Attorno a noi Villanova Mondovì era il classico paesino piemontese addormentato nel primo pomeriggio. C'era un solo negozio per tipo: il fornaio, la piccola macelleria, la farmacia, e un negozio di alimentari che fungeva anche da drogheria. Le serrande abbassate all'ora di pranzo davano al corso principale l'aria di una città fantasma. Nulla era a portata di mano, nulla era vicino e bisognava prendere la macchina anche solo per comprare il pane.

Me ne accorsi il primo mattino che provai a fare due passi: il panificio era circa a due chilometri da casa. In Venezuela ero abituato ad avere il mercato sotto casa, il rumore costante della città, i venditori ambulanti all'angolo. Qui, invece, per un chilo di pane o per un litro di latte dovevo organizzarmi e accendere la Suzuki, attraversando mezzo paese. All'inizio mi sembrava quasi un'ingiustizia: possibile che in un paese così piccolo nulla fosse raggiungibile a piedi? Poi capii che era semplicemente un altro modo di vivere, fatto di distanze diverse, di quiete e di isolamento al quale dovevo ancora abituarmi.

La provinciale davanti alla stazione di servizio vibrava nell'afa. Ogni tanto, dall'orizzonte liquido della calura, spuntava il luccichio di una carrozzeria: un'auto o un camion che si avvicinava lentamente. Li sentivo arrivare già da lontano, il borbottio del motore che cresceva man mano. Quando finalmente un cliente entrava nell'area di servizio, mi facevo avanti, cercando di mostrarmi cordiale nonostante la stanchezza. "Buongiorno…" – la voce mi usciva (ancora oggi) in un italiano dall'accento strano, ancora lievemente marcato dallo spagnolo. Non potevo farci nulla, era la mia cadenza sudamericana che affiorava quando meno me l'aspettavo. Alcuni clienti mi guardavano incuriositi: lì tutti si conoscevano e io ero il nuovo arrivato, lo straniero tornato in patria.

Mentre riempivo il serbatoio e il profumo pungente della benzina mi investiva, scambiavo due parole sul meteo o sul traffico con il conducente di turno. Spesso mi chiedevano da dove venivo, e quando rispondevo "Venezuela" alzavano le sopracciglia sorpresi, come se avessero davanti un emigrante al contrario.
Ma che ci fai in Italia? La si sta così bene!... io dentro di me pensavo: *ma questi sanno almeno dove si trova il Venezuela?*

Nei momenti di pausa, quando nessuno si fermava per ore intere, mi guardavo intorno e sospiravo. Il paesaggio era dolce ma immobile: colline verdi in lontananza, il profilo delle Alpi che nei giorni tersi spuntava oltre la pianura, e attorno a me solo campi e silenzio. Mi sembrava di stare in un avamposto del Far West, ma in salsa piemontese: un luogo remoto dove eravamo approdati in cerca di una vita migliore, e dove ogni giorno era una piccola conquista. La stazione di servizio era il nostro saloon con l'insegna luminosa e la scritta IP, un punto di passaggio obbligato ma solitario lungo la strada. Io e i miei genitori eravamo come tre pionieri un po' spaesati ma testardi, decisi a resistere a quella terra che era nuova e antica insieme.

Ogni sera, chiudendo la pompa e abbassando la saracinesca del piccolo shop, sentivo sulle spalle tutta la fatica di una giornata passata sotto il sole. Salivo sulla mia vecchia Suzuki, che cigolava e protestava, e mi avviavo verso casa. Le prime ombre della sera allungavano i profili delle case e delle cascine lungo la strada.

Pensavo ai giorni che passavano tutti uguali e alle notti in cui facevo fatica a prendere sonno chiedendomi se avevo sbagliato tutto. Poi, mentre l'aria finalmente rinfrescava un po', aprivo il finestrino e lasciavo entrare l'odore del fieno tagliato e della terra.

Quello era il mio Far West piemontese: duro, silenzioso, lontano da tutto quello che conoscevo, eppure mio, parte della mia storia ormai. Mentre attraversavo il paese quasi deserto, mi ripetevo che ogni chilometro percorso lì era un pezzo di futuro che costruivo, un giorno alla volta, nonostante la sensazione persistente che i miei ventiquattro anni in Venezuela fossero svaniti nel nulla. Forse quegli anni non erano davvero perduti – mi dicevo per consolarmi – forse mi avevano reso quello che ero, anche se lì nessuno lo sapeva.

Con questo pensiero fisso in mente parcheggiavo davanti a casa. Rientravo sapendo che l'indomani mi aspettava un'altra giornata di sole, benzina e silenzi, un altro capitolo di quella mia vita ricominciata da capo nel Far West piemontese.

Capitolo 35 – Due giorni prima

La mia Prima EX arrivò il 10 settembre 2003. Due giorni prima del mio compleanno. Una scelta voluta. Un regalo in carne, anima e ricci.

Quel mese senza di lei era passato lentissimo. Ogni giorno sembrava tirato con l'elastico. E io… non vedevo l'ora di stringerla di nuovo.

Solo che, appena atterrò, la realtà ci presentò il conto.

Per restare in Italia, lei doveva avere un motivo valido. Un lavoro. Un documento. Un legame ufficiale.

Io avevo la cittadinanza. Lei no. E in assenza di alternative, l'unica soluzione era sposarci.

Non per gioco. Non per favola. Per necessità.

E organizzarci per un matrimonio con lei appena scesa dall'aereo, in mezzo alla burocrazia italiana, fu un incubo.

Una corsa contro il tempo, contro le scadenze, contro un sistema che ti dice: "Benvenuto, ora dimostra di meritartelo."

Era tutto assurdo. Un labirinto senza uscita. Un incastro perfetto di ostacoli che sembravano messi lì non per aiutarti, ma per farti impazzire.

Per chiedere la residenza, dovevi prima avere il codice fiscale. Per avere il codice fiscale, serviva il permesso di soggiorno. Per ottenere il permesso di soggiorno, ti chiedevano la residenza.

E per avere la residenza, dovevi avere la carta d'identità.

L'asino che si morde la coda. Anzi, lo Stato che si morde il cervello.

Ogni ufficio ti rimandava a un altro. Ogni sportello diceva: "Devi prima fare quello." Ma "quello" era impossibile senza "questo."

E noi lì, con una relazione vera, con una voglia matta di restare insieme, a cercare un buco in un sistema fatto apposta per dire "NO."

Alla fine ho deciso di fare alla venezuelana. Perché nel mio paese, tutto funziona solo in un modo: fai "l'extracomunitario" di turno che non capisce un cazzo. Fingi di non sapere. Fingi di non parlare. Fingi di non esistere fino a quando non ti dicono: "Va bene, facciamo un'eccezione."

E così ho fatto. Occhi da cucciolo. Sorriso idiota. Accento carico caraqueño. E ogni volta che mi dicevano: "Ma lei ha fatto richiesta per il permesso?"

Rispondevo:
"Sssssi… no… ehm… qué?"

Il bello è che a un certo punto aveva funzionato.

E piano piano, tra un modulo incompleto e una fotocopia fuori norma, lei era riuscita a mettere piede nel sistema. Non perché il sistema ci abbia voluto bene. Ma perché ci siamo infilati di lato. Senza bussare. Alla cara vecchia maniera.

Capitolo 36 – Il matrimonio, la cravatta e il tranello a metà

A gennaio ci sposammo in Comune. Una cerimonia tranquilla, quasi sussurrata. Non c'erano fiori, né parenti in lacrime, né pranzi infiniti. C'erano solo io, la mia famiglia… e lei. La sua famiglia non poteva permettersi il viaggio dal Venezuela. Troppo caro, troppo lontano, troppo complicato. E anche questo, in fondo, rendeva tutto un po' più fragile.

Non c'erano festeggiamenti. Nessuna tavola imbandita. Nessun brindisi. Solo un "sì" che suonava come un "proviamoci". E poi via, una settimana a Roma. Il nostro viaggio di nozze improvvisato.

Io ero più coinvolto, più convinto. Lo capivo già allora, ma facevo finta di non vederlo. Lei, in quel momento, voleva davvero provarci. Anche lei voleva sposarsi. Non era un piano. Non da subito. Ma qualcosa, col tempo, cambiò.

Iniziò a imparare l'italiano in fretta. Trovò lavoro in un negozio di abbigliamento elegante a Mondovì. Io tornavo a casa puzzando di gasolio, lei con addosso vestiti firmati che doveva comprare per forza — lo pretendeva il suo titolare.

A volte mi sembrava che fossimo diventati due mondi diversi: io Guatire, lei Los Palos Grandes. E anche se ero io a pagare tutto — affitto, bollette, rate dell'auto — sembrava che la valuta dei sentimenti si fosse svalutata solo da un lato.

Poi arrivò il passaggio in fabbrica. Una delle più grandi della zona. Turni massacranti, anche notturni. Non ci vedevamo mai.

Lei rincasava quando io uscivo. Io tornavo e lei non c'era più. La casa era sempre piena… di assenze.

Intanto partì la pratica per la cittadinanza italiana. Lei diceva che voleva mettere da parte qualcosa per tornare in Venezuela, a vedere sua madre. Io continuavo a pagare tutto. E mi sentivo solo. Schiacciato dai debiti, sommerso dalle preoccupazioni. Ma erano solo mie.

Poi iniziarono i litigi. Sempre più forti. E alla fine, letti separati. E anche se non volevo crederci, dentro sentivo che qualcosa non tornava più.

La conferma arrivò per caso. Un giorno tornai a casa e la sentii parlare al telefono con sua madre. Era chiusa in camera, ma le pareti non trattennero quella frase:

"Ora penso alla cittadinanza. Una volta ottenuta, chiedo il divorzio."

Mi gelò il sangue. Non era più la donna che avevo sposato. Non ero più l'illuso di prima. Non ero più il pollo da spennare. Era il momento di tirare fuori le palle. E lo feci. Il divorzio lo chiesi io.

La notizia si sparse come benzina sul fuoco. Villanova è piccola, e le voci corrono più veloci delle auto. Due anni di matrimonio. Setti-otto anni di relazione in tutto. Mio padre ripeteva: "Te l'avevo detto." Gli amici da lontano: "Ce l'avevamo visto lungo." E io… io sentivo solo un coro nella testa che diceva *lo sapevi anche tu.*

Le lasciai tutto. Casa, mobili, auto. Io mi trasferii in un bell'appartamento davanti al distributore. Attraversavo la strada ed ero al lavoro. Qualche spiraglio di luce si iniziava ad apprezzare.

Capitolo 37 – Sempre gli stessi, sempre uguale

Piano piano, ho iniziato a uscire da solo.

All'inizio era strano. Camminavo per il paese e mi ritrovavo sempre le stesse facce. Gli stessi che la mattina facevano 5 euro di benzina al distributore, li vedevo poi al supermercato, al bar, dal fruttivendolo, al pub. Sempre loro. A volte anche vestiti uguali al giorno prima. Un déjà-vu continuo, come se il paese fosse in loop.

La provincia di Cuneo d'estate ha una puzza tutta sua. Non è proprio merda… ma quasi. Una miscela di letame, umidità e silenzio stagnante. Inconfondibile. Quella puzza mi entrava nel naso e mi ricordava ogni giorno che ero lontano. Lontano da casa. Da *casa mia*.

Mi mancava tutto. La mia terra. La mia casa a Río Chico. Mi mancava l'odore del mare, il rumore delle onde, la sabbia calda e i grilli di notte. Ma bastava aprire un giornale venezuelano per farmi passare la voglia. La situazione lì peggiorava ogni giorno. Chávez era diventato una caricatura di se stesso, e il paese una tragedia a cielo aperto.

L'Italia non era meglio. Politica in confusione, promesse che cadevano a pezzi. E pure gli amici in Spagna mi scrivevano: "Qui va anche peggio, hermano." Era un brutto momento globale. Un tempo sospeso. E io… io cercavo solo un motivo per non mollare.

Me lo trovò Diego.

Diego è stato il mio primo vero amico a Villanova. Aveva l'età di mio fratello e un solo, grande difetto: amava la rivoluzione cubana, Che Guevara e tutto quell'universo rosso che a me faceva venire l'orticaria.

Ci conoscemmo così: parlando di comunismo in Latinoamerica. Io con la mia rabbia e lui con la sua utopia. Ma dopo un po' ci facemmo una promessa:

"Basta politica. Parliamo della *vida*, amigo."

E lì nacque l'amicizia vera. Di quelle che durano ancora oggi.

Con Diego andavo ovunque: al mare, a ballare, al pub. Cercava in tutti i modi di farmi entrare nella sua cerchia di amici, ma quella gente non faceva per me. Non c'era verso. Ma lui... lui era diverso. Un'anima rara per quelle zone.

Forse perché viaggiava tanto. O forse perché era curioso. Amava le culture diverse, le sfide, le idee nuove. Sentiva il richiamo della trasgressione. E in mezzo alle montagne, era quasi un miracolo trovarne uno così.

Avevamo anche un inno: Vasco Rossi.

Grazie a lui andai al mio primo concerto di Vasco. Uno dei sogni che portavo dietro da bambino. Un sogno che sembrava lontano, e invece... eccolo lì, tra chitarre distorte e cori a squarciagola.

Con Diego ho iniziato a vivere di nuovo. Non era la vita che avevo prima, certo. Ma era pur sempre vita. E forse, in fondo, era quello che mi serviva.

Adeguarmi. Respirare. E capire che anche tra le montagne può succedere qualcosa.

Capitolo 38 – Gigi, il codino e il fratello ritrovato

Il lavoro al distributore aumentava. Papà iniziava a sentire la stanchezza. L'artrite gli mordeva le mani e prendere in mano la pompa diventava ogni giorno più doloroso. Era tempo di trovare qualcuno. Il nostro primo dipendente.

Fu così che arrivò lui: Gigi.

Un personaggio unico. Capelli lunghi raccolti sempre in un codino preciso, come se ogni ciocca fosse al suo posto per volontà superiore. Educazione al millesimo. Se gli scappava un "cazzo" era un evento che meritava un applauso. Silenzioso, attento, mai volgare. Quasi d'altri tempi.

Ma la cosa più incredibile? Amava ascoltarmi.

Era rapito dai miei racconti. Mi guardava come se stessi narrando le gesta di un popolo perduto. E io, lo ammetto, ci andavo a nozze.

Mi sentivo come quei cubani a Miami, quelli di 40 anni, seduti con il sigaro e la birra a raccontare "com'era Cuba prima di Castro".

Ecco, io facevo lo stesso. Solo che parlavo del Venezuela prima della Revolución Bolivariana. Di *quel* Venezuela. Quella vera. Quella che esisteva prima che la corruzione e la fame la divorassero. Ed è quella che porto nel cuore. Quella che difendo ancora oggi ogni volta che qualcuno mi chiede com'è il mio paese.

Gigi diventò la mia spalla. Non solo al lavoro, anche nella vita. Aveva circa dieci anni meno di me, ma con lui ho conosciuto altra gente. Altri ambienti. Un po' di ossigeno. Gli amori? Ancora lontani. E sinceramente… non mi sentivo pronto.

Poi, un giorno, squilla il telefono. Numero strano. Prefisso +58.

Mi si ferma il cuore.

Era lui. **El Tocayo.**

Claudio. Mio fratello con lo stesso nome. Non ci sentivamo da un'eternità. E adesso la sua voce era lì, nel mio telefono, come se il tempo si fosse messo in pausa.

Parlammo a lungo. Della vita, di Caracas, del caos.

Mi disse che pensava di mollare tutto. "Non ce la faccio più, Cla. Qui non si vive più. Non è vita." Non aveva un piano. Non aveva soldi. Solo la voglia di scappare.

Gli dissi: "Dammi due giorni. Fammi fare due chiacchiere. Ti richiamo io."

Non gli promisi niente. Ma sapevo già che l'avrei aiutato.

Parlai con i miei. "Anche se c'è Gigi – dissi – forse manca ancora una persona al distributore." Papà annuì. Mamma pure. Conoscevano El Tocayo. E soprattutto conoscevano bene Humberto, suo cugino, amico fidato della famiglia. La risposta fu una sola: **"Aiutiamolo."**

Non aspettai nemmeno due giorni. Lo chiamai subito:

“Fratello, Villanova Mondovì ti aspetta. Se vuoi, c’è un lavoro per te. E una casa. La mia. È enorme. Per me anche troppo. Ci stai più che comodo.”

E in quel momento, una nuova storia stava per cominciare.

Capitolo 39 – Los Tocayos, Lucky e il divano maledetto

Al distributore, mamma e papà erano sempre più convinti che quella sarebbe stata la mia vita. Avevano preso in gestione pure il bar del distributore, *Bar Turistico*. Un nome che mi riportava ai tempi dell'università in Venezuela, alla *Nueva Esparta*. Insomma, tutto sembrava voler dire:

"Cla, qui ci devi restare."

C'era bisogno di aiuto. Serviva gente. E fu così che **assumemmo Gigi**.

Papà iniziava a fare fatica, l'artrite si faceva sentire. **Gigi era un personaggio. M**isterioso, capelli lunghi raccolti nel solito codino, educato fino all'estremo. Quando diceva una parolaccia, sembrava avesse bestemmiato in Vaticano.

Mi ascoltava parlare del Venezuela come se fossi un vecchio esule cubano. **Io gli raccontavo tutto. Di com'era prima della revolución.** Di quanto mancasse quel caos che, in fondo, era casa.

Con Gigi, però, arrivò anche una telefonata. Un +58 sul display. Era **El Tocayo**.

Non ci sentivamo da tempo.

"Cla… Caracas è invivibile. Voglio venire via. In Italia."

Non aveva un piano. Solo la disperazione di chi non vede più un domani.

Gli dissi:

“Fammi parlare con i miei. Ti richiamo.”

Parlai con mamma e papà. Disse:

“Anche se Gigi c’è… un’altra persona può servire.”

E così gli dissi:

“Fratello, Villanova Mondovì ti aspetta.”

Arrivò in estate. Quel caldo che ti appiccica l’anima addosso. Lo andai a prendere all’aeroporto di Caselle. Un abbraccio lungo, una birra, e via con la Saab di papà.

Durante il viaggio ci raccontammo la vita. Lui mi parlava della Caracas che aveva lasciato, che già era un’altra rispetto a quella che ricordavo io.

Io gli parlavo di Gigi, di Diego, di come la figa cominciasse a mancarmi seriamente.

Arrivati a casa, vide l’appartamento. 400€ al mese. Una reggia.

Poi arrivò **Lucky**. Golden Retriever. Il mio fratello peloso. Mi amava come sapeva farlo solo mia madre. Eravamo in tre: **I due Claudio e Lucky.** Benzina, rock & roll e rum.

Con El Tocayo era tutto diverso. Ore a suonare la chitarra. A cantare i pezzi che ci riportavano a Las Olas Resort. A cucinare piatti venezuelani. E in salotto, appesa al muro, **la bandiera vera del Venezuela. Quella con sette stelle.**

Una sera, lui fece colpo su una ragazza. Si presentò a casa con un'amica. Tutto sembrava promettere bene. Poi l'amica se ne andò. Rimasti io, lui e lei. A un certo punto lei mi guarda:

"Cla… non è che hai sonno?"

Traduzione:

"Togliti dal cazzo."

Mi chiudo in camera. Lui la bombarda sul divano. **Lei gemeva come se non lo prendeva da un secolo.** Poi silenzio.

La accompagna in bagno. Le pulisce il culo. Io dal letto pensavo:

"Maledizione.
Oggi a lui, domani a me."

Ma quel domani… **avrebbe portato ben altro.**

Capitolo 40 – Il Bar Turistico e l'arrivo di Mallory

Al distributore, mamma e papà erano sempre più convinti che quella sarebbe stata la mia vita. La nostra vita. E io? Io iniziavo a crederci a metà.

Avevamo appena preso in gestione anche il bar annesso alla stazione. Si chiamava **Bar Turistico**. Solo il nome mi riportava alla mente il mio passato, i sogni dell'università alla Nueva Esparta, quando studiavo *Administración Turística*. Sembrava quasi uno scherzo del destino.

Con l'apertura del bar, serviva più personale. Stavamo assumendo. E fu così che la mia vita cambiò… di nuovo.

Arrivò **lei**.

La chiamerò **Mallory**, perché mi ricordava Mallory Knox di *Natural Born Killers*. Bionda. Occhi azzurri. Magra. Energica da far paura. Figa da perdere l'equilibrio.

Scese da una macchina sportiva come se stesse girando un film. Accanto a lei, il marito. Una specie di Arnold Schwarzenegger in divisa militare. Sembrava un ufficiale uscito da un'esercitazione a Fort Bragg.

Mallory varcò la porta del gabbiotto al distributore. Doveva solo lasciare il curriculum. Ma non lo fece "solo". Lo fece alla sua maniera.

Entrò prima di me, si girò e si piegò. Appoggiò il foglio sulla scrivania mettendosi a novanta gradi, con addosso un pantalone bianco che non lasciava nulla — ma proprio nulla — all'immaginazione.

Non portava l'intimo. E lo sapeva benissimo.

Fu come ricevere uno schiaffo erotico in pieno giorno. Il culo perfetto, il sorriso da gatta selvaggia. Tutto assurdo.

Da lì… da lì in poi, tutto prese una piega imprevista.

Capitolo 41 – Mallory, i 109 euro e la trappola perfetta

Mio padre non era convinto. Mia madre nemmeno. Anzi, lei la odiava. Diceva che aveva “gli occhi furbi e la bocca storta”. E quando mamma dice così, vuol dire che ha già capito tutto.

Ma io? Io avevo in testa il suo culo. Ancora lì, stampato nella mente come un’ossessione. Mi ero messo in testa che quella me la dovevo scopare. Punto. Il marito in divisa? Problema suo.

I miei la scartarono subito per il bar. “Non è affidabile”, dissero. E avevano ragione. Ma non mi importava. Per me era diventata una missione personale.

Un giorno Mallory tornò al distributore in evidente agitazione. Mi raccontò una storia drammatica: suo padre aveva avuto un problema meccanico e servivano urgentemente 109 euro per pagare il carro attrezzi.

Colpito dal suo stato d'animo e fidandomi ancora di lei, le consegnai il denaro senza troppe esitazioni.

Dopo aver ricevuto i soldi, però, Mallory scomparve. Non restituì mai la somma come promesso, e nemmeno si fece più vedere o sentire.

Passate alcune settimane, le inviai un messaggio schietto e sarcastico, esprimendo tutta la mia delusione e il senso di amarezza che quella situazione mi aveva lasciato.

Da quel momento, il suo atteggiamento cambiò: sembrava quasi divertirsi nel sapere di avere un certo "potere" sulla situazione, mantenendo i rapporti su un filo di ambiguità e complicità che io stesso non capivo più se fosse reale o costruita.

A causa di quell'episodio, per tutelarmi, decisi di sporgere denuncia presso le autorità competenti. Tuttavia, la procedura non ebbe seguito formale e venne archiviata.

Rimase per me una lezione preziosa, amara quanto utile: la consapevolezza che, spesso, l'ingenuità e la fiducia mal riposta possono diventare una trappola perfetta.

Un giorno si presentò a casa. El Tocayo in sala, rilassato davanti alla TV. Lei in cucina con me. Io che mi avvicino, lei che non dice nulla. Un bacio lungo, carico. Mani ovunque. Debito... "risolto".

Da lì partì una storia assurda. Intensa. Fisica. Malata. Tanti soldi in meno. Tante scopate da ricordare.

Il marito, ovviamente, scoprì tutto. Scappò in Toscana, lasciandola a vivere dalla madre. Poi venne fuori tutto.

Mallory giocava tanto alle slot. Ecco perché le servivano soldi. Non solo da me. Li doveva a tutta Villanova e metà Mondovì. Tassisti, panettieri, elettricisti. Tutti truffati. E in molti, secondo alcune voci… se la facevano anche.

Io tutto questo lo scoprii **quasi un anno dopo**.

Quando ormai era troppo tardi.

Capitolo 42 – Quando anche El Tocayo se ne va

La storia con **Mallory** era finita. In fumo, come tutto il resto. Avevo perso soldi, pazienza, un po' di dignità. Ma almeno avevo chiuso. O forse era stata lei a scomparire, dissolta come una promessa mai mantenuta.

E poi se ne andò anche **El Tocayo**.

Non fu un addio qualunque. Un giorno arrivarono **Kcho** e **Gabba** in macchina. Vivevano già a **Barcellona**, e passarono a prenderlo. Salirono a Villanova con quell'aria da viaggio lungo, da fratellanza senza tempo, da "ti portiamo via da qui, hermano".

El Tocayo aveva deciso di iscriversi a un corso per diventare operatore fonico. Voleva tornare alla musica, ai palchi, al suono vero. Barcellona era perfetta per lui. Villanova no.

Li salutai con un nodo alla gola. Non lo dissi a nessuno, ma quel giorno mi crollò qualcosa dentro. Non per gelosia. Non per invidia. Ma perché capii che la mia parentesi più viva in quel posto era appena finita.

Rimasi **di nuovo solo**.

Solo con **Lucky**, il mio compagno silenzioso e fedele. Mi guardava ogni giorno come a dire: "Io ci sono, anche se non parlo."

Uscivo ancora ogni tanto con **Diego**, con **Gigi**, ma era chiaro che **Villanova mi stava uccidendo lentamente**. Mi aveva tolto la mia Caracas. Mi stava portando via anche la voglia di amare. Mi toglieva pezzo dopo pezzo tutto quello che ero stato.

La mia **chitarra** era ancora lì. E così **Lucky**. Ma le serate si facevano sempre più buie. **El Cacique, Pampero, Chivas Regal** diventavano presenze fisse. Compagni liquidi, silenziosi, implacabili.

Mi ritrovavo a bere e a pensare. A guardare fuori dalla finestra e chiedermi: *Che cazzo ci faccio io qui?* Mi sentivo uno che si era perso per strada. Uno che non riusciva più a trovarsi.

Fu in una di quelle notti che iniziai a scorrere annunci. **Annunci di incontri.**

Non cercavo amore. Cercavo distrazione. Calore. Confusione. E fu **lì**, in quel mare sporco di pixel e parole ambigue… che arrivò **lei**.

La mia Seconda EX.

Capitolo 43 – Luis Alberto, la Uno e la testa matta

Fu in una di quelle notti buie, cariche di rum e pensieri pesanti, che vidi il suo messaggio. Niente foto. Nessun profilo esagerato. Solo parole. Ma una frase mi colpì. Non so nemmeno quale fosse… ma mi entrò dentro. E risposi.

Lei era una studentessa di Cuneo. Io avevo 28 anni. Lei appena 18.

Un abisso. Ma in quel momento, **quell'abisso era esattamente ciò che volevo attraversare.**

Veniva da una famiglia di contadini, in una frazione della periferia cuneese. Il nome del posto… mi ricordava **Luis Alberto Spinetta**, compagno spirituale di **Cerati** e **Charly García**. Un richiamo. Un segnale. Un piccolo incastro perfetto.

Quando la conobbi, stava finendo la scuola. Aveva appena preso la patente e guidava una **Fiat Uno** del padre, morto da poco. Una macchina vissuta. Come lei.

In quel periodo, **zia Paola**, la mia madrina, mi fece uno dei regali più belli della mia vita: una **Suzuki Gran Vitara**. Grigia. Nuova. Solida. L'auto perfetta per affrontare l'inverno di quella provincia che sembrava voler spegnere ogni fuoco dentro di me.

Con lei parlavo tanto. **Tantissimo.** Mi raccontava storie assurde, come se dentro la sua testa ci fossero due mondi che correvano paralleli: uno reale e uno suo, più assurdo, più caotico, più vivo.

Ed è proprio questo che mi colpì. **Era viva. Troppo viva.** E io avevo bisogno esattamente di quello. Di qualcuno che mi risvegliasse. Che mi tirasse fuori.

Ci siamo conosciuti **nel momento perfetto per entrambi**. Anche lei usciva da una relazione. Capiva cosa significava iniziare da capo. E si era buttata in questa storia con la stessa energia folle con cui io cercavo di salvarmi.

Con **la mia seconda EX** fu subito tutto intenso. Troppo intenso. E io, senza accorgermene… ci cascai dentro.

Capitolo 44 – Mafud, il re di Mondovì

Era arrivato il momento. Dovevo **presentare la mia seconda EX a Gigi**. Lui ci aveva visti insieme più volte, ma non aveva ancora capito molto. Forse non voleva. Forse aspettava solo il momento giusto per osservare da vicino quel tornado che mi stava travolgendo.

Così organizzò una cena.

Un pub, poco fuori Villanova. Un posto rustico, pieno di legno, birra buona e gente vera. C'erano alcuni amici suoi, ma tra tutti, **uno in particolare cambiò le carte in tavola**: **Mafud**.

O come lo chiamano tutti, **Maf**.

Un personaggio. Uno di quelli che vedi e pensi subito: *questo ha una storia da raccontare.*

Nato in Marocco, era partito piccolo con il padre, che commerciava prodotti tipici marocchini in Italia. Durante uno di quei viaggi, il padre morì. Maf rimase solo, bambino. E fu affidato a una famiglia di **San Michele di Mondovì**. Una famiglia cuneese, classica. Lui, invece, era tutto tranne che classico.

Fra me e lui c'erano **dieci anni di differenza**. Ma la sintonia fu immediata.

Maf era **l'anima di ogni festa**. Poteva entrare in un posto dove c'erano cento persone… e in dieci minuti conosceva tutti.

Davvero: **TUTTI**. Nome, soprannome, provenienza e magari pure il segno zodiacale.

A Mondovì e dintorni lo conoscevano tutti. Camminare con lui in centro era impossibile. Ogni due passi, una stretta di mano. Un saluto. Una battuta. Una risata.

"Oh Maf! Ciao fratè!" "Maf, ci vediamo stasera?" "Fratellone, birra al bar?"

Era come andare in giro con un sindaco senza fascia.

Quella sera lo guardai e pensai: *finalmente uno con una luce diversa, uno che può far brillare anche i posti più spenti.*

E così, **in un angolo dimenticato del Piemonte**, nel bel mezzo della nebbia e della mia confusione… conobbi **Mafud**, un altro tassello della mia sopravvivenza.

Capitolo 45 – Mafoud congelato a Prato Nevoso

Dopo la cena al pub vicino Villanova, con Gigi, Maf e **la mia seconda EX**, decidemmo di allungarci a **Prato Nevoso**. In montagna, d'inverno, ci sono solo due certezze: **-20 gradi e locali pieni di nebbia e birra**.

Maf, come sempre, **conosceva tutti** anche lì. In dieci minuti era amico del barista, delle ragazze al bancone e probabilmente pure del DJ.

Si stava bene, si rideva, si beveva. Ma poi arrivò **l'ora di Cenerentola**.

La mia seconda EX doveva **tassativamente rientrare entro l'una**, altrimenti la madre – malata da anni – avrebbe fatto scattare l'allarme nazionale. Vivevano da sole e la madre non scherzava. Una telefonata mancata e si passava ai carabinieri.

Lei aveva lasciato la **Fiat Uno** a casa mia, a Villanova. Eravamo saliti con **la mia macchina** e quella di **Gigi**, e **Maf era con lui**.

Al momento di ripartire, **lei era troppo sbronza per guidare**. Così, io e Gigi ci guardammo e **decidemmo insieme**:

"Portiamo lei a Cuneo con la sua macchina. Maf resta su a far festa, lo recuperiamo subito dopo."

Maf acconsentì. "Tranquilli fratè, vi aspetto!"

Scendiamo da Prato. Arrivati a Villanova, **Gigi si ferma sotto casa mia, tira giù il sedile e annuncia:**

“Ragazzi… buonanotte.”

“Ma sei serio? Gigi! Dobbiamo tornare su! C’è Maf!”

“Zzz…”

Fine. **Coma etilico completo.**

Io non avevo scelta: **prendo la macchina della mia seconda EX**, la porto a Cuneo e… **torno a Villanova in taxi**. Nel cuore della notte. Senza giacca. Con la faccia da *“ma che cazzo sto facendo con la mia vita?”*

Nel frattempo, **la mia macchina era ancora a Prato Nevoso**. Maf pure.

Quando il taxi si ferma sotto casa, vedo Gigi **sempre lì**, addormentato in macchina. Provo a svegliarlo. Niente.

Salgo a casa. Dormo male.

Alle **sei del mattino**, riesco a svegliarlo:

“Gigi! Maf è ancora su! Da solo! In camicia!”

Lui apre un occhio:

“Cazzo... Mafoud…”

Poi si addormentò ancora.

Ma stavolta lo scuoto bene. Si svegliò finalmente e parte il piano salvataggio. Mentre saliamo a Prato, Gigi lo chiama. Niente risposta. **La tensione sale**.

Poi, **finalmente Maf risponde**.

“Oh Gigi! Tutto a posto fratè! Ma porca miseria, mi avete lasciato a -20 in camicia!”

Prendo io il telefono, gli spiego tutto.

“Meno male che un mio amico mi ha visto e mi ha portato a casa mia, a San Michele.”

Maf era salvo. Vivo, intero, e anche un po’ divertito.

Io… un po’ meno.

Ma anche questa, come tutte le altre, è diventata **una storia da raccontare**. Di quelle che sembrano inventate. E invece… **è solo vita vissuta.**

Capitolo 46 – La spiaggia, la bionda e l'America

Con **la mia seconda EX**, era tutto diverso. Nonostante tutto quello che sarebbe venuto dopo, all'inizio era la cosa giusta nel momento giusto.

Mi dava quello che mi serviva. **Attenzione, presenza, parole.** Quelle chiacchierate lunghe che ti sfiancano ma ti fanno sentire ascoltato. E poi, diciamolo, **ottimo sesso.**

Condividevamo gli stessi gusti, e così spesso ci buttavamo in macchina e partivamo per la **Liguria**. Mare, sole, musica e momenti che, per un po', sembravano quelli che si vedono nei film. E io, per un po', ci credevo.

Ma un giorno, al mare, successe qualcosa che **non mi aspettavo.**

C'era una ragazza in acqua. **Bella, bionda, riccia, magra.** Un bel culo, belle tette. Classico sogno balneare. E fu proprio **lei**, la mia seconda EX, a farmela notare.

"Cla… hai visto che bomba quella? Guarda che culo… che tette..."

Per un attimo mi sentii come se stessi parlando **con un amico, non con la mia ragazza.**

La guardai. La fissai. Poi, con la mia solita faccia tosta, le infilai una mano nelle mutande e le chiesi:

"Scusa... ma non è che ti sta crescendo il cazzo?"

Lei **scoppiò a ridere** come una matta. E poi, tra le risate, arrivò la **confessione**:

“No… non mi sta crescendo un cazzo. Ma… mi piacciono anche le donne. Sono bisex.”

CRISTO.

Dentro di me fu un’esplosione. Un mix di sorpresa, eccitazione e curiosità. La prima cosa che dissi fu:

“E dove sta la tua amica?”

Lei rise ancora. Ma niente amica. **Non ancora, almeno.**

Sentiva solo il bisogno di raccontarmelo. Di aprirsi. Di dirmi che aveva voglia, un giorno, di fare sesso anche con una donna.

E io?

Io mi misi **immediatamente a disposizione.** Anche solo per guardare.
Una sigaretta, un whisky in mano, e lo spettacolo davanti.

Quella rivelazione **mi cambiò la vita.** Mi aprì una porta mentale, emotiva, erotica. E da lì, niente fu più come prima.

Capitolo 47 – Addio pompa, benvenuta cravatta

In quel periodo conobbi una **coppia simpatica**. Lei era venezuelana, lui piemontese, di Alba. Vivevano a Villanova pure loro. Li incontravo spesso al distributore: lei veniva a fare benzina da me, e ogni volta c'era uno scambio di sorrisi, battute, racconti.

Un giorno, **lui mi disse che nella sua azienda cercavano un agente di commercio**. La zona era tutta la provincia di Cuneo. Il guadagno era a provvigione, ma si poteva fare bene. Davvero bene.

E lì… qualcosa dentro di me si accese.

Forse era arrivato il momento di uscire dal distributore. Forse era davvero il **momento giusto**.

Ne parlai con i miei. A cuore aperto. Mamma e papà mi capirono. Anche se lo so: **un po' il cuore gliel'ho spezzato**. Quel distributore l'avevano preso pensando a me. Ma **non era la mia strada.**

Ancora oggi mi dispiace. Ma sapevo che dovevo provarci.

Così partii per Varese. Colloquio. Occhi pieni di speranza.

Il colloquio andò bene. Pochi giorni dopo, **la chiamata**:

"Sei stato selezionato. Ti aspetta una settimana a Varese per il corso di formazione!"

Maledizione. Tutto in un attimo. Ma ormai ero abituato. Un punto… e si riparte.

Una settimana in un albergo 4 stelle, tutto pagato dall'azienda. Corso intensivo. Dovevo imparare a vendere **prodotti chimici per la manutenzione e riparazione auto**. Clienti: meccanici e carrozzieri della provincia di Cuneo.

E così iniziò.

Il lavoro andò bene. Lo feci per diversi anni. Giravo tutta la provincia. Chilometri su chilometri. Ogni officina, una storia. Ogni garage, un calendario unto di grasso e culi.

La **tuta IP sparì.** Tornò il **completo. La cravatta.** Il Claudio commerciale, ma sempre con le radici nel carburante.

E mi sentivo **bene**.

Con **la mia seconda EX** le cose funzionavano. Amore, lavoro, chilometri.

Per un attimo, sembrava tutto perfetto.

Capitolo 48 – La stagione dei Privé

La mia seconda EX aveva un fuoco dentro. Un giorno me lo disse chiaro, senza giri di parole:

"Cla, io ho voglia di farlo con una donna."

Boom.
Come si risponde a una cosa del genere? Io? Con un sorriso, un bicchiere in mano e la frase più sincera che mi venne:

"Io sono pronto a guardare. Anche solo quello mi basta."

Iniziai a cercare su internet. Scoprii un mondo nascosto, fatto di nomi in codice, regole rigide e passaparola. **Club Privè. Locali travestiti da circoli culturali. Ingresso solo per coppie o single che pagavano l'ira di Dio.**

La prima volta fu a Torino. Un posto piccolo, luci bordò, atmosfera morbida. Avevamo messo delle regole chiare:

1. Se uno dei due non se la sente, si esce.
2. Si può fare solo insieme, mai separati.
3. E tutto quello che accade lì… resta lì.

Le prime volte erano solo giochi tra donne. Poi si è allargato tutto. Coppie, incroci, curiosità. **Io? Mai con un uomo. A me piace la figa. Punto.**

La trasgressione era una valvola, uno sfogo. Tra la routine del lavoro, le corse ai fornitori e i conti da far quadrare, quel mondo era l'unico posto dove non dovevo spiegare nulla a nessuno.

E poi, ovviamente, **lo seppero tutti**. Era impossibile tenerlo segreto: ci andavamo quasi ogni weekend. Per noi era normalità. Per gli altri... leggenda.

Ma ogni cosa ha il suo tempo. E col tempo, anche quello smise di darci ciò che cercavamo. La complicità tra me e lei non bastava più.

Lì è iniziata la fine.

Capitolo 49 – Il Regno Fortunato (e il whisky venezuelano)

L’era del **venditore stella** era finita.

Un giorno mi chiamò, il mio team leader. Ci incontrammo. Niente giri di parole.

“Claudio, i numeri stanno calando. Non ha più senso continuare.”

E aveva ragione. Faticavo da matti a vendere qualcosa. I “no” superavano i “sì” come se qualcuno avesse cambiato le regole del gioco. **Ero bloccato.** Dentro e fuori.

Licenziato.
Un’altra volta **a capo.**

Tornai a casa con **il cuore a pezzi.**

La mia seconda EX era **furiosa**.

“Ma non possono licenziarti così!”

E io a spiegare che **avevo la partita IVA**, ero solo **un povero coglione autonomo**. Certo che potevano.

I piani? I progetti? **A puttane.** Serviva un’idea. **E serviva subito.**

Nel frattempo, mamma e papà **avevano lasciato il distributore**. Mamma, insieme alle sue sorelle — che per me sono **le mie altre**

due mamme — partirono per la Liguria. Una zia di mamma aveva lasciato loro un appartamento ad **Alassio**. Ci vivono ancora oggi.

E io rimasi a **Mondovì**. Con **Lucky** e **la mia seconda EX**, che ancora viveva con sua madre.

Un giorno, al telefono con papà, mi disse:

"Ho letto una cosa sul giornale… ma hai mai pensato di vendere il mangiare per i cani? Pare sia un settore in crescita. Perché non ti informi?"

Porca Madonna. L'illuminazione.

Papà era un genio delle vendite. Poteva venderti la sabbia nel deserto e tu lo ringraziavi pure. In Venezuela aveva fatto **miracoli.**

I venditori si lamentavano che **non riuscivano a piazzare un whisky nazionale**, troppo scadente.

Papà? Fece il suo show.

Una sera, mischiò le carte. Versò **whisky venezuelano** nelle bottiglie di scotch, giusto per sfida. I cattatori scozzesi arrivarono, assaggiarono, **esultarono**:

"Che meraviglia il nostro whisky!"

Il bluff funzionò. I venditori capirono che **si poteva fare.** E quell'anno, papà vendette **più nazionale che scozzese.**

E io? Con quella leggenda in mente, **partii con un'idea.**

Con **la mia seconda EX** creammo **Il Regno Fortunato**. Un negozietto tutto azzurro, allegro, pieno di energia.

Il regno di Lucky.

Mi occupai di tutto. Trovai fornitori. Riuscii ad avere **due scaffali omaggio** da un grossista di Savigliano. Feci un corso di **toelettatura**. Comprammo tutto l'occorrente per lavare cani e gatti.

Feci **il logo da solo. Costruii il sito web su Prestashop.** E giuro… solo Dio sa **quante volte ho nominato la madre del signore** mentre cercavo di capirci qualcosa di quel maledetto codice.

Ma ce l'ho fatta.

Avevamo **un mondo nuovo pronto a partire.** E Lucky, finalmente, **aveva il suo regno.**

Capitolo 50 – Peveragno, crocchette e il ritorno alle radici

Il negozio, prima di prendere davvero piede, **ci mise un po'**. I primi mesi erano una sfida continua, ma ce la stavamo mettendo tutta.

Per **ridurre le spese**, io e la mia seconda EX decidiamo di trasferirci in affitto **vicino al negozio**.

Bye bye Villanova… e benvenuta Peveragno.

Se Villanova era assurda, **Peveragno era un altro pianeta**. A mezzogiorno sembrava ci fosse il coprifuoco. Il centro? Deserto. Neanche un'anima viva. Solo serrande abbassate e silenzi eterni.

Ma il negozio cominciava a funzionare. **La gente tornava. Comprava. Si affezionava.**

Avevo creato una **vera raccolta punti**. Tessere con codice a barre.
Un **database clienti** aggiornato con le razze, le preferenze, gli acquisti. Mandavo **offerte via e-mail**, come un piccolo e-commerce artigianale. Ero diventato **il marketer del croccantino.**

Quello era il mio mondo. Fatto di sacchi di Monge, volantini Eukanuba e ciotole lucide. **E Lucky**, sempre presente, sempre fiero **sul trono del Regno Fortunato.**

Con **la mia seconda EX**, tutto sembrava procedere. Anche se la trasgressione… quella parte così intensa della nostra storia… era ormai **sparita.**

Ora era **casa e lavoro**. Routine e gestione. Scelte di confezioni, profumi di shampoo per cani, ordini da firmare.

E proprio per **rompere quella routine**, decidemmo di fare qualcosa di diverso. **Un viaggio.**

Per me non era un viaggio qualunque.

Era **il ritorno.** Era **dopo undici anni** in Italia. Era **tornare in Venezuela.** La terra che avevo lasciato. Il sole che non avevo più rivisto. Gli odori, i volti, il caos, la nostalgia.

E dentro di me, **tutto ribolliva.**

Capitolo 51 – Bienvenido al caos, primo

In Venezuela avevo ancora **qualche punto fermo**. C'era **Douglas**, c'era **El Chupe**, anche se ormai entrambi sposati, con figli. C'era **Samuel**. E soprattutto c'era **Zia Paola**, gemella di mia madre, la mia **madrina**.

Fu proprio lei a **regalarci il viaggio**. A me e **alla mia seconda EX**. Un Natale speciale, da passare **all'isola Margarita**. Da **-10 gradi in provincia di Cuneo a +35 di Porlamar.** Il salto termico del secolo.

Trovammo alloggio in una **posada** di un vecchio compagno di università, **Salvador**, che studiava con me Turismo alla Nueva Esparta. Tutto sembrava allinearsi.

Tornare in Venezuela, dopo 11 anni… Avevo il cuore pieno di **illusione e orgoglio.** Volevo che **lei vedesse tutto**, che capisse da dove venivo. Lei, che **non era mai uscita da Cuneo.**

Partiamo.
Iberia. Torino-Madrid, Madrid-Caracas. Niente più voli diretti. E già quello… **era un segnale.**

Arriviamo a **Maiquetía**. Mi si ferma il cuore.

L'aeroporto era diventato una **galleria di dipinti di Chávez e Bolívar**.
Ovunque, sguardi dipinti, pugni chiusi, frasi rivoluzionarie. Sì, c'era un tocco più moderno… ma **quella non era più casa mia.**

L'ufficiale all'immigrazione mi guarda:

"Bienvenido a su casa, compatriota."

E io, per un attimo, mi sentii **il Che entrando a L'Avana**. Ma **quella casa non era più mia**. Era cambiata. E nessuno sembrava accorgersene.

Appena si aprono le porte dell'area bagagli, guardo fuori. Capisco cosa ci aspetta.

Mi giro verso **lei**, e con la voce più seria che avevo:

"Non farmi domande. Da adesso fino a quando non te lo dico… **sei muta.** Non parli, non respiri. Dammi la mano e seguimi. E **non fermarti per niente.**"

Appena usciamo, ci saltano addosso.

Vuoi un taxi?
Cambio valuta?
Vuoi sicurezza fino al parcheggio?
Ti porto le valigie?
Vuoi Cristo Risorto in persona?

Una giungla.

E in fondo al corridoio del mercato del pesce… **Samuel.** Con un sorriso e lo sguardo attento.

Prende i bagagli senza dire una parola. "Ci salutiamo dopo".

Poi, in macchina, finalmente:

"Vamos!"

Lei non capiva nulla.
Stava zitta. Ma con gli occhi diceva tutto.

Samuel, seduto accanto a me, apre un poggiapiedi sotto il sedile.
Tira fuori una **birra fredda.**

Me la passa con una pacca sulla spalla:

"Bienvenido al caos, primo."

Io lo guardo. Bevo.
E sento **l'inizio di qualcosa di strano.**

Guardavo fuori dal finestrino.
La città non era più la mia.
Il Venezuela non era più **quello che avevo lasciato.**

Il comunismo aveva **mangiato la sua identità.** E in quel momento, **io stavo guardando i resti.**

Sull'autostrada, **gli occhi di Chávez ovunque.** Giganti. Incombenti.
Le pubblicità non esistevano più. Solo **culto. Presenza. Sorveglianza.**

Gli hotel? Stessi muri, ma **un altro spirito.**

Il quartiere dove vivevo, **Los Palos Grandes**, era **irriconoscibile.**

Non più elegante. Ora sporco, abbandonato, **uguale a tanti quartieri popolari.**

La gente non vestiva più bene.
Tutti avevano **lo sguardo vissuto**, le spalle curve.

Quel poco di Caracas che abbiamo visto… **bastava.**
Il deterioramento era ovunque.

La mia città… era **un'altra.**

Capitolo 52 – Playa El Agua: il silenzio sotto gli occhi

Partiamo da **Maiquetía** insieme a **Tía Paola**. **Salvador ci aspettava a Playa El Agua**, nel cuore del Caribe.

Un posto che per me era **paradiso.** E lo era ancora.

Il tempo lì si era fermato. Tutto era esattamente dove l'avevo lasciato anni fa. Solo… **più vissuto**. Più stanco. Ma ancora incredibile.

Per essere **Natale**, c'era **pochissima gente**. Una volta, Margarita veniva presa d'assalto. Da ogni angolo del paese.

Eppure, ora… **quasi nessuno.**

La sua bellezza naturale però, **non era cambiata.** La sabbia bianca. Il mare turchese. **La gente.** Quei sorrisi stanchi ma ancora caldi. **Vibrava tutto.**

Ma anche lì… **erano arrivati gli occhi.**

Gli occhi di Chávez.

Anche lì si sentiva **la paura.** Nessuno parlava di politica. Nessuno commentava. Si viveva con la testa bassa. In silenzio.

Una volta dissi a un ragazzo:

"Tranquillo, gli occhi non sono veri. Non ti ascoltano quei disegni."

Gli strappai un sorriso. Ma **non le parole.**

Salvador ci accoglie nella sua **Posada Guaicora**, a circa un chilometro dal mare. Stile coloniale, semplice, accogliente.

"¡Hermano! ¡Qué felicidad tenerte aquí!"

Una stretta forte. Un abbraccio vero.

Playa El Agua? Sempre **meravigliosa**. Sabbia bianca, mare azzurro. E tutto il resto… spariva.

Erano **vacanze strameritate.** Giornate di **mare, aragosta, arepas, empanadas, cachapas.** Pranzi in riva al mare, risate, silenzi che facevano rumore.

Trovammo anche un ristorante-lido, perfetto. **Il proprietario? Un tipo di Alba.** Quando ce lo disse, mi scappò un sorriso.

Cuneo tornò alla mente. Ma solo per un attimo.

Perché lì, **volevo solo godermi il mio paese.**

La mia terra. Prima che l'inverno più duro mi aspettasse, di nuovo, in Piemonte.

Capitolo 53 – Capodanno, cappelli strani e un addio che brucia

Capodanno a Margarita. Il sole che scotta, la sabbia che brilla, la birra fredda e l'anima piena di contrasto.

Lì, tra una risata e una grigliata, **conosciamo un personaggio assurdo.** Lo chiameremo **M.**

Un pazzo buono, con lo sguardo perso e il cuore chissà dove. **Fumava marihuana** come io fumavo le **Belmont** ai tempi d'oro del Venezuela.

Era sempre **fuso.** Portava un **cappello da ultras del Venezuela**, vinotinto, con **tre palle da calcio cucite sopra**. Parlava con **frasi intrecciate**, mezze parole, mezze verità, mezze visioni.

Un giorno mi disse:

"Hermano, mio fratello sta in Italia. Vende i churros… alle fiere. Ma soprattutto… alla fiera latina, ad Assago, Milano…"

Quelle parole rimasero lì. **A fermentare.** Senza saperlo, **avevo appena incrociato un seme del mio futuro.**

Ma il tempo, anche nel paradiso, finisce. Dovevamo tornare a **Caracas**. Il caos ci aspettava.

Le ultime serate furono fatte di **cene tra cugini, amici, racconti e saluti**.

Poi… l'aeroporto. **Il volo. Il rientro.**

Ma per la **prima volta**, **ero felice di tornare in Italia.**

Sì. **Felice di andarmene.**

Lei no. La mia seconda Ex aveva gli occhi lucidi.

"ma sul serio? Che ti prende?"

"Sono stata contagiata… dalla tua gente. Dalla tua cultura. Questo paese mi ha cambiata."

E io, zitto. Perché **capivo.**

Venezuela può stravolgerti. Ti entra sotto la pelle.

Ma io lo sapevo bene… **non era lo stesso visitarla… che viverci.**

Anche solo per andare a comprare il pane **a mezzogiorno… avevi paura.** Occhi ovunque. Mani nascoste. Speravi solo **che nessuno ti notasse.**

Questa… è Caracas. **La mia città. Il mio caos. Il mio dolore.**

Capitolo 54 – Eukanuba, ProPlan e una crociata in casa

Tornati in Italia, **la pressione familiare** non si fece attendere. La famiglia **della mia seconda EX** era di quelle **molto devote**, praticanti, rigide. La domenica era sacra. Non solo per la Messa, ma per l'immagine.

Uno dei fratelli di lei era addirittura **un missionario all'estero**.

E così, mentre io sistemavo sacchi di Eukanuba e confezioni di ProPlan,
iniziava a prendere forma il mio secondo tentativo di fare "famiglia".
O almeno… qualcosa che doveva sembrarlo.

Sua madre insisteva:

"Non è giusto convivere senza essere sposati… non in un posto come questo. La gente parla."

Io annuivo.
Ma dentro mi dicevo:

"Signora, se solo sapesse cosa succedeva nei weekend di sua figlia…"

Ma ovviamente, **silenzio.**

Il problema era che **io non ero pronto.** Perché **il motivo vero per cui ero arrivato fino a lì — la passione, la trasgressione,**

la complicità — era finito. Ora c'erano solo convenzioni da rispettare. E apparenze da mantenere.

Come se non bastasse, iniziò **l'incubo delle partite IVA**.

L'IVA. L'INPS. Le tasse. Le scadenze. Tutta quella burocrazia capace di uccidere anche il sogno più solido.

E così, tra **una benedizione forzata e una crocchetta per cani**, **fissammo la data del matrimonio.**

Il mio testimone? **Kcho**, volato da lontano per esserci. Dalla sua parte, una nipote.

Poi arrivò il momento della **burocrazia ecclesiastica.**

A differenza del primo matrimonio, stavolta **non c'era via d'uscita: sarebbe stato in chiesa.**

I documenti del battesimo e della comunione? Persi nella nebbia del tempo. Per fortuna, **zia Paola a Caracas** riuscì a recuperarli.

E poi arrivò **il missionario.** Volò fin qui **per "riconnettermi alla fede."** Un tentativo tanto gentile quanto inutile.

Io e il "signore con la barba" avevamo smesso di parlarci da tempo. Ma lo show doveva andare avanti.

E andò avanti.

Capitolo 55 – Il mio confessionale è un Cuba Libre

Un giorno, **la mia seconda EX** mi disse che dovevamo chiudere il cerchio. Il corso prematrimoniale? Fatto. I documenti religiosi? Recuperati. Il battesimo e la comunione? Riesumati.

Ma mancava **la confessione.**

E non in un posto qualsiasi. **A Sant'Anna di Vinadio.** La Lourdes dei monti. Il santuario del silenzio e delle coscienze pesanti.

Arriviamo.

Lei mi guarda seria, quasi ispirata. Io, che già stavo male solo a sentire odore d'incenso, le dico:

"Vacci tu per prima. Io mi fumo una sigaretta… poi entro."

Beh… quel "poi" non arrivò mai.

Lei entrò davvero. Si fece la coda. Raccontò i suoi peccati (almeno quelli che poteva raccontare).

Io?
Io **rimasi fuori.**

Una sigaretta, il silenzio e nessuna voglia di confessare un cazzo.

Perché i miei peccati, se proprio li devo tirar fuori, **li racconto a Kcho o a Maf.** Una sera, con un Cuba Libre in mano, e nessun giudizio addosso.

Quella è la mia confessione.
Quella, la mia verità.

Capitolo 56 – Il Ponte del Mare e la promessa fatta a me stesso

C'era ancora un pezzo importante da raccontare **prima del secondo matrimonio**. Facevo ancora il **rappresentante**, giravo la provincia, chilometri e chilometri, tra officine, cataloghi e clienti.

Un giorno, con **la mia seconda EX**, facemmo **un viaggio a Roma**.
Ma volevo anche approfittarne per **passare da Teramo** e farle conoscere **i parenti di papà.**

Durante quel giro, un collega che abitava vicino Pescara ci invitò a cena.

Io, Pescara, non l'avevo mai vista.

Così feci la cosa più semplice: **scrissi "Pescara" su Google Maps.**
Senza indirizzo, senza meta precisa.

Solo Pescara.

E lasciai che **il navigatore mi guidasse.**

Quando arrivammo…
mi si aprì qualcosa dentro.

Ci ritrovammo proprio **sotto al Ponte del Mare.** Scendiamo dalla macchina, io guardo quella struttura… poi le dico:

"Andiamo."

Saliamo.

A metà del ponte, **mi fermo.**

Da un lato, **la città.**
Dall'altro, **l'immensità dell'Adriatico.**

Il mare. Quello vero. Quello che vibra.

Mi giro, respiro profondamente e dico:

"Io devo vivere qui."

Non era una battuta. Non era una fantasia.
Era **una chiamata. Un segnale. Una promessa.**

Chi mi conosce lo sa: **quel momento, quella frase, hanno cambiato il mio destino.**

E da lì, anche se ci sarebbero voluti anni… **qualcosa dentro di me cominciò a muoversi. Verso il mare. Verso Pescara. Verso me stesso.**

Capitolo 57 – Mafoud, Dolcetto e un tuffo vestito

Questa volta, la **festa c'è stata.** Altroché se c'è stata.

Sposati, sì. **Ma col botto.**

Abbiamo scelto una location carina, tranquilla, immersa **nelle colline delle Langhe**, dove **il Dolcetto comanda e il verde abbraccia.**

Una tenuta con piscina, tutta per noi. Amici, parenti e **musica ovviamente a cura del Tocayo**, volato dalla Spagna insieme a **Kcho e Asier**, venuti apposta **per ridere di me sotto l'occhio del barbuto amico in croce.**

All'occorrenza, arrivarono anche **papà e mamma**, e pure mio fratello, che riuscì a staccare dal lavoro. Una piccola grande rimpatriata.

Ma **l'asso nella manica** si chiamava **Mafoud.**

Già il suo arrivo fu da cinque stelle. Parcheggio, occhiali, aria di chi la sa lunga.

Mi saluta, arriva **Diego** con la compagna e la figlia piccolissima. Li presento.

Maf si china, guarda la bimba e fa:

"Ma che bella **Stellina**, che bella che sei…"

Diego si gira perplesso:

"Ma… tu come cazzo fai a sapere il nome di mia figlia?"

Nemmeno io me lo ricordavo. **Ma lui era Maf.**

Le sue **battute e le figure di merda** erano **quotidiane**. E pure **meravigliose**.

Poi arriva il momento più delicato: la famiglia **della mia seconda EX**.

Maf si avvicina alla madre e, con sorriso smagliante:

"Buongiorno signora… lei sicuramente è la nonna!"

Risposta gelida:

"Veramente… sono la mamma."

Silenzio. Pausa. Poi Maf, con slancio:

"Allora lui dev'essere il papà!"

No.

Il papà era morto. E quell'uomo era **il fratello prete.**

Io? Mi trattenevo dal ridere e di andarmene.

Ma questo è Maf. Autentico come il pane caldo. Un uomo che non filtra niente e **ti vuole bene come pochi.**

La festa inizia.

Tuffo **in piscina col vestito da sposa.** Musica, brindisi, risate.

E poi… **gli strumenti.**

Quando mi ricapita? **Mio fratello, Kcho, El Tocayo, Asier… tutti lì.**

Un palco, una canzone. E quella **voglia di cantare** che non muore mai.

Ancora una volta, **ero lì. Al centro. Con la voce calda, e il cuore pieno.**

Capitolo 58 – Dalla neve di Torino alla caipirinha brasiliana

Con **la mia seconda EX** ripartiamo per **un viaggio unico**. Un viaggio che doveva essere **il nostro**, indimenticabile. Ci aspettava **il Brasile**, con tutta la sua forza, le sue contraddizioni, la sua bellezza. **Così vicino al Venezuela... eppure per me ancora terra inesplorata.**

Viaggio di nozze. Diviso in due tempi: **15 giorni da mio fratello a São Paulo**, con la sua nuova moglie e i miei nipoti, due ragazzi d'oro. E **15 giorni con il fratello di lei.**

Come sempre, **l'Italia non delude quando si tratta di imprevisti.**

Torino, aeroporto. Nevica. Tanta neve. E ovviamente **una sola macchina per scongelare le ali degli aerei. Ritardo.**

Arriviamo a Madrid in corsa. Ma **il volo per São Paulo è già decollato. Pazienza? No. Iberia.**

Dopo una serie di litigi tra valigie e terminali, **riusciamo a farci portare al Meliá de Barajas.**

Una suite da paura. Pranzo a buffet **incluso.** Vino buono. E quando dico buono, intendo **di quelli che ti fanno dimenticare perché eri arrabbiato.**

Poi finalmente si vola.

Arrivati a São Paulo, il Brasile ci accoglie con **36 gradi di umidità e un autista dell'azienda di mio fratello**, che **non parlava né italiano né spagnolo. Solo portoghese. Ma sapeva dove portarci.**

E fu lì che **iniziammo il viaggio vero.**

Mio fratello, all'epoca, lavorava in **una multinazionale olandese**.
Era **direttore marketing**, uno di quelli veri, di quelli che **quando parlano le aziende ascoltano.**

Aveva comprato un **appartamento da sogno a São Paulo**.
E un altro a **Tabatinga**.

Tabatinga.
Solo a scriverlo mi viene voglia di rimetterci piede. Un posto allucinante. Un angolo di mondo dove il tempo si stende come l'amaca tra due palme.

Capitolo 59 – Il Brasile selvaggio

Con **mio fratello** non ci siamo fermati a Tabatinga.

Il Brasile ci chiamava forte. E noi abbiamo risposto. Ci siamo spinti oltre, verso **uno dei posti più incantevoli che abbia mai visto: Paraty.** O come la chiamano i brasiliani: **Para Ti.**

Un posto magico, fatto di **piccole isole private**, sospese tra sogno e realtà.

Salimmo su una barchetta per un tour che sembrava una favola. Il marinaio ci indicava le meraviglie con orgoglio: **l'isola di Pelé**, **quella di Madonna**, e una piena di **scimmie selvatiche** appartenente – incredibilmente – a **Sergio Marchionne**.

In quel momento capii: in Brasile, **tutto è possibile.**

Poi fu il turno di **Ilhabela**. Un'isola incredibile, **con onde immense e un'anima selvaggia.**

Ci sentivamo dentro un sogno: **spiagge, vento, natura pura.**

Ma non era finita.

Dovevamo incontrare **mio cognato**, il missionario. Prossima tappa: le **Cascate di Iguaçu.**

Uno spettacolo che **nessuna foto potrà mai spiegare.** Lì, **la natura urlava, rideva, piangeva.** Tutto insieme.

Ma il vero **clou** arrivò dopo.

Ci aspettava **il nord del Brasile. Il Pantanal.** Nel cuore del **Mato Grosso do Sul.**

Un posto dove il tempo **non ha regole**, dove **il verde ti inghiotte**, dove **la natura comanda.**

Per raggiungerlo partimmo su un **furgone Volkswagen bianco**, alla guida **mio cognato**. La strada? **Non esisteva.** Solo sterrato. **Ponti di legno precari.** Chilometri e chilometri di nulla.

Il viaggio **più lungo e selvaggio** della mia vita.

Quando arrivammo, c'era **una posada immersa nella foresta.** Intorno, solo rumori. Foglie che si muovevano. E **quel profumo umido, tipico della giungla.**

Facemmo **un'escursione in canoa**, tra fiumi torbidi e silenzi profondi. **Pescammo piranha. Osservati da lontano da coccodrilli silenziosi.**

Sembrava un film. Un film in cui, per la prima volta, **ero protagonista e vittima allo stesso tempo.**

Avevo paura? Sì. Tanta. Ma anche una libertà assoluta. **Io, dentro la natura più potente e incontrollabile.**

A cavallo tra **la fine dell'anno** e **l'inizio di qualcosa di nuovo.**

Ma **non era ancora tutto**.

Dal cuore del Pantanal ci spostammo verso **Cuiabá**, la città dove viveva **mio cognato**.

Lì aveva costruito **qualcosa di speciale**. Con le sue mani. Un **centro per donne vittime di abusi**, donne sole, donne in difficoltà. Un posto dove **insegnava loro un mestiere**, per rimetterle in piedi.

Era il suo modo di cambiare il mondo. Una storia alla volta.

Io, che venivo da un mondo frenetico, fatto di clienti, numeri e mail, **rimasi colpito dal silenzio di quelle donne.** Dalla forza.

Nessuna lamentela. Solo voglia di **riscatto.**

Poi, da lì, partimmo in pullman. **Direzione: Brasília.** La capitale.

Moderna. Geometrica. Lucida. Una città **progettata come un'utopia architettonica**.

Strade larghe. Edifici lineari. Ordine. Pulizia. Luce.

Un contrasto violentissimo con **il fango e la natura sfrenata del Pantanal.** E proprio per questo, **indimenticabile.**

Era un viaggio tra **lusso e giungla.** Fra **silenzio e scopate tropicali di energia.** Fra **spiritualità e sudore.** Un viaggio che oggi, **ancora oggi, porto sotto pelle.**

Capitolo 60 – Le mie tre mamme

In questa foto c'è tutto.

Ci sono gli abbracci silenziosi dopo un momento difficile. Ci sono i pranzi della domenica con l'odore di casa. Ci sono le battute che solo noi possiamo capire. C'è l'amore moltiplicato per tre.

Non sono solo zie e mamma. Non sono solo presenze di passaggio. Sono **le mie tre mamme**.

Tre donne che mi hanno cresciuto, sostenuto, sgridato, fatto ridere, fatto riflettere. Tre pilastri. Tre anime diverse. Tre cuori che battono all'unisono per la famiglia.

Cresciuto con loro accanto, ho imparato che l'amore non ha un'unica forma. Può essere severo, può essere dolce, può essere ironico… Ma se è vero, si sente. E io l'ho sempre sentito.

A loro dedico questa pagina del mio libro. Perché senza di loro, questo libro non esisterebbe. E nemmeno io, così come sono.

Grazie, mamme. Di tutto. ¡Las quiero!

Capitolo 61 – Lo chiamiamo amore (e Sanremo)

Era gennaio del 2014. Papà si sveglia una mattina, mi chiama e mi dice:

"Claudio, ma perché hai lasciato la musica da parte? Ho letto che a Sanremo fanno le selezioni per i giovani…"

Una frase. Una scintilla.

Mi aveva **messo una pulce nell'orecchio** che non se n'è andata più. Aveva ragione: **io amavo la musica. E l'avevo abbandonata.**

Forse era arrivato il momento **di farla conoscere anche in Italia.**

Così, **nel tempo libero**, ripresi la chitarra.

Mi serviva un inedito. Il regolamento del festival era chiaro.

E visto che **con la mia seconda EX non andava bene**, decisi di scrivere **una canzone ispirata a lei**.

Così è nata **"Lo chiamiamo amore."**

Un pezzo con **accordi semplici**, poco elaborato, ma con **una carica vera**. Emozione pura.

Mi serviva anche una base. Su Facebook trovai **Fabrizio**, che aveva un piccolo studio a Cuneo. Accettò di aiutarmi **a un prezzo speciale**. Anche lui ci credeva.

Il risultato? **Una base meravigliosa.** Ma mancava qualcosa.

Chiamai allora **Franco**, amico caro di Alba. **Chitarrista solista incredibile.** Lui accettò di registrare **l'assolo.**

Ora "Lo chiamiamo amore" era pronta.

Spedii tutto ad **Area Sanremo**. Dopo qualche settimana, **arrivò la mail**:

"Candidatura accettata."

Dovevo passare una settimana a Sanremo. Così andai **dai miei ad Alassio**, per contenere le spese.

Area Sanremo era sotto la direzione artistica di **Bruno Santori**. Un'esperienza che **mi ha segnato per sempre.**

Conobbi **Beppe Carletti dei Nomadi**, il **Principe di Savoia**, avvocati esperti in diritto d'autore, gente di radio, artisti.

Conferenze intense. Stimolanti.
Il mondo della musica italiana da dentro.

A dicembre mi esibii **davanti a Roby Facchinetti, Giusy Ferreri e Dargen D'Amico.** Le gambe **non mi hanno mai tremato così tanto.**

C'era **il mio sogno lì**, chiuso in una sala, **ascoltato a porte chiuse da chi ha fatto la storia.**

Ho cantato con il cuore.

Roby e Giusy mi hanno fatto i complimenti. Dargen disse che mancava qualcosa di rappato nel pezzo. Poi Roby mi parlò del Venezuela. Di quanto lo portasse nel cuore. Di quanto **amasse la sua gente, il suo calore.**

Mi fece **sognare per un attimo.**

Poi arrivò la notizia: **non ero stato selezionato.**

Ma… **il voto era alto.** E io lo presi **come una vittoria.**

Su cinquecento, passavano solo in due. E io **mi sentivo vincitore lo stesso.**

Tornai a casa. Presi il brano. E iniziai **a bombardare i media.**

"Lo chiamiamo amore" doveva essere ascoltata.

E per la **prima volta**, ascoltai **una mia canzone in radio.**

Non era una radio nazionale. Erano **piccole radio di provincia.** Ma per me… **era tutto.**

Inquadra il QR per ascoltarla!

Anche **La Provincia Granda di Cuneo** mi dedicò **un quarto di pagina.**

Una grande soddisfazione. Un piccolo grande sogno che stava prendendo forma.

PROVINCIA GRANDA
Venerdì 28 novembre 2014

Venezuelano, ha abitato per dieci anni a Villanova Mondovì

Da Peveragno a Sanremo, il sogno di Claudio Di Giammarco

Claudio Di Giammarco al PalaFiori di Sanremo

PEVERAGNO – (m.ber) – Nel 2003 si è trasferito in Italia dal Venezuela, assieme ai genitori. È rimasto dieci anni a Villanova Mondovì, dove tutti lo ricordano come il gestore del distributore "IP" in via Mondovì. Poi, dall'anno scorso, si è trasferito a Peveragno, dove assieme alla moglie [illegible] gestisce il negozio per animali "[illegible]dise". Si chiama Claudio Di Giammarco, ha 35 anni e ha un sogno: vivere di musica. All'inizio del nuovo millennio partì da Caracas con i suoi genitori, entrambi italiani, portandosi dietro l'amore per le canzoni e la chitarra, che ha imparato a suonare da solo da bambino. Dopo aver sfiorato il successo ad un concorso scolastico sulla musica folkloristica natalizia, la "gaita", Claudio ha suonato con il gruppo "Stigma" al Festival dell'Ateneo della capitale venezuelana, arrivando sul podio. L'amore per la musica ha attraversato l'Oceano con lui ed è rifiorito in provincia di Cuneo. Nel 2011 ha scritto la canzone "Dimmi come", con la quale ha partecipato al Festival di Saint Vincent, arrivando in semifinale. Quest'anno, invece, ha provato ad arrivare al Festival di Sanremo, presentando ad Area Sanremo il brano "Lo chiamiamo amore". Scritto da lui, ha avuto l'arrangiamento musicale di Fabrizio Barale, dello Studio Piave 34 di Cuneo. Claudio si è esibito al PalaFiori di Sanremo, visitando anche il Teatro Ariston con il maestro Bruno Santori. In settimana gli è arrivata la comunicazione della mancata selezione: non sarà a Sanremo a febbraio. «Sicuramente ci riproverò l'anno prossimo - ci ha detto al telefono -, il concorso è riservato agli Under 36, quindi per me sarà l'ultimo anno». Ma il sogno di Claudio non si ferma. «Sto cercando di mettermi in contatto con case discografiche e produttori, e mi piacerebbe anche organizzare un concorso in provincia per tutti i generi musicali». Per il momento, ha messo la sua musica in rete, si può trovare sul suo canale Youtube, su Google play e sulla sua pagina Facebook.

Capitolo 62 – Il Bunker e la merda del destino

Dopo il Brasile, si riaprì **il negozio**. Si ricominciò a lavorare. **Il negozio andava bene. Il rapporto un po' meno.**

Si discuteva sempre: **di soldi, di debiti, di fornitori.** Quello che ci aveva unito, **la passione, la trasgressione, il gioco**, era **sparito.**

Lei usciva spesso. Diceva che doveva accompagnare la madre a fare la spesa.

All'inizio **le credevo.** Poi quelle uscite diventarono **sempre più frequenti**, e sempre **durante l'orario di apertura.**

Un giorno lasciò il PC acceso. Facebook aperto. **Errore fatale.**

Mi bastò poco.

Circa Dieci chat. Forse di più. **Tutte diverse. Ma con lo stesso fine: farmi le corna.**

Appuntamenti.
Messaggi.
Frasi tipo:

"Tranquillo, tanto mio marito sta lavorando in negozio."

Mio marito. IO.

Solo Dio sa **quanto mi sono incazzato.** E tutto questo… **a un anno esatto dal matrimonio.**

Poi trovai **la chat che fece traboccare il vaso.**

Quella con *quell'amico.*

Sì, **proprio lui**. Quello dove l'avevo accompagnata **a prendere i vestiti**, quello che doveva essere "solo un amico".

Da lì in poi, **niente fu più lo stesso.**

Mi ritrovai per la **seconda volta solo**. Ma stavolta **veramente solo**:

Senza casa. Senza macchina. Senza soldi.

Il **14 febbraio** – il giorno degli innamorati – mi chiese il divorzio.

Per fortuna, **un conoscente** stava lasciando un appartamento a **Villanova Mondovì**. Piccolo. Essenziale. Libero.

E ancora una volta, **la mia famiglia mi salvò.** Mamma, papà, zie… Mi aiutarono a pagare l'affitto.

L'appartamento era **una camera, una cucina-salotto, un bagno** e una **piccola terrazza con giardinetto. L'essenziale!**

Lo chiamavo "il bunker".

Zero segnale, il cellulare non prendeva neanche con le preghiere. Internet? Nemmeno l'ombra.

Dentro c'erano solo: **un divano distrutto, una TV, un cucinino elettrico sopra un minifrigo. I piatti? Li lavava nella doccia.**

Mi sembrava di vivere **nella merda.** Ma forse… **me lo meritavo.**

Le mie scelte **mi avevano portato lì.**

Ma quel periodo **mi ha salvato.**

La prima cosa che feci?

Comprai una tavola di legno, un seghetto alternativo, un lavello in acciaio. Mi costruì un lavandino. Con le mie mani.

Perché lavare i piatti nella doccia… era **troppo anche per me.**

E grazie alla mia famiglia, riuscivo a fare la spesa, a pagare le bollette, a **sopravvivere.**

Capitolo 63 – Il racconto distorto

Una sera esco dal bunker. Avevo bisogno di aria. Di staccare. Di vedere una faccia amica.

E lì, su un muretto, da solo, vedo **Mafoud**. Sguardo spento, come se qualcosa non tornasse.

Mi avvicino. Pronto a raccontargli tutto, come sempre.

Ma **lui sapeva già.** E non l'aveva saputo da me.

Me lo disse piano, con quel suo tono ironico-amaro:

"Cla… me l'ha raccontato lei."

Lei.
La mia seconda EX.

Quella che, a quanto pare, **aveva riscritto tutta la storia.**

Disse a Maf che **era tornata a casa e aveva trovato il letto disfatto, pieno di asciugamani bagnati.** Che io avevo portato un'altra. Che non gliene fregava più un cazzo del matrimonio. Che io l'avevo distrutta.

Io ascoltavo.
In silenzio.

Non per debolezza. Ma perché **a volte non serve difendersi.**

Chi ti conosce davvero, **lo sa.**

Quando raccontai tutto a Maf, lui mi guardò dritto negli occhi:

"Cla, io lo so chi sei. Non devi spiegarmi niente."

E per la prima volta, dopo tanto tempo, **mi sentii capito.**

Capitolo 64 – Il nuovo re del baratto

Fu così. **L'inizio di una nuova avventura.**

Finalmente avevo **un lavoro**. Uno vero. Un lavoro che **mi dava qualcosa da fare**, un motivo per alzarmi la mattina.

Dentro di me, però, lo sapevo: **non sarebbe durato per sempre.**

Ma per adesso… **bastava.** E la paga **non era niente male.**

Quel giovedì **partii presto la mattina per Milano**. Lasciai **la Panda** parcheggiata vicino casa di **Reinaldo**, attaccai il rimorchio alla sua macchina e via… **direzione Ferrara.**

A 90 all'ora. Non di più.

Se salivo oltre gli 95-100, il rimorchio **ballava come un ubriaco.** La prima volta, e **tutta la paura addosso.**

Ma ci arrivai.

Arrivato a Ferrara, guardo l'area della fiera, respiro profondo, e vado a **chiedere aiuto agli altri operatori**.

"Scusate… qualcuno mi dà una mano a parcheggiare?"

Io non l'avevo mai fatto.

Loro?
Ridevano.
Ma **mi aiutarono subito.**

Tutti conoscevano Reinaldo. El Rey de Los Churros. *(come lo chiamo io)*

E **tutti gli volevano bene.**

E questo, **era un vantaggio enorme.**

In queste fiere, c'era **una specie di codice d'onore.** Un **sistema parallelo.** Gli operatori **non pagavano i churros.** E io **mangiavo gratis da loro.**

Un baratto vero.

Sembrava di essere tornati **all'epoca dei romani.**

Dove non esisteva il denaro, ma solo **scambio, rispetto e collaborazione.**

E lì, in mezzo alla confusione, alla musica, agli odori di fritto e carne alla brace…

Now I'm the new king.

Capitolo 65 – Rimini, la schiuma e Samir

Rimini ci chiamava e noi, come tre disgraziati, abbiamo risposto. **Mafud, Samir e io.** Tutto è nato da una frase buttata lì, tra una birra e una cazzata:

"Cla, per il mio compleanno andiamo a Rimini."

Io non ci ho nemmeno pensato. Mi serviva una botta di vita. Così, tra una fiera e l'altra, abbiamo prenotato al volo un B&B e siamo partiti.

Siamo partiti di giovedì notte, a mezzanotte spaccata, per arrivare giusto in tempo per **lo schiuma party del venerdì**.

Rimini d'estate è un'altra galassia. Tutto puzza di vodka, cocco, salsedine e possibilità. Tutti sembrano belli, abbronzati, strafatti o appena usciti da un reality. **Noi no.** Noi eravamo quelli che ridevano per strada come se non ci fosse un domani. E anche se c'era, non lo volevamo.

Al nostro arrivo, non avevamo ancora la stanza. La prenotazione era per il giorno dopo, ma il gestore dell'albergo ci fa un favore:

"Ve ne do una per stanotte, ma alle 7 la lasciate e vi do la vostra vera camera."

Alternative? Dormire sul marciapiede. Abbiamo accettato.

Poi arriva il PR dei locali, promozionava praticamente tutti. Ci fa il pacchetto serate. E noi partiamo… **verso la distruzione.**

Lo schiuma party è stato un bagno nell'assurdo. Maf nuotava letteralmente nella schiuma mentre veniva trascinato da due perfetti sconosciuti. Io e Samir semplicemente svenuti dal ridere a vedere la scena… Il nostro amico era strafelice… Noi ancora di più.

Samir completamente fuori fase, alle sei del mattino, ad un certo punto si attacca a una colonna e chiede a una barista colombiana:

"Scusa un po'… ma se è lavata non è sporca, e se è sporca non è lavata, giusto o no?"

Lei scappa. Maf ed io ci pieghiamo dal ridere. Samir continua a ripetere la frase **come un mantra da guru della follia.**

Il giorno dopo, scena muta. Maf non parlava. Lui, che aveva sempre una battuta pronta, stava seduto, muto, occhi nel vuoto.

Il gestore dell'albergo lo guarda:

"Ma questo è quello di ieri sera o l'avete scambiato con uno nuovo?"

Dieci minuti. Un caffè ristretto. E come un diesel d'annata… Maf riparte.

Una settimana disastrosa, alcolica, incoerente. Bastava solo una cosa: **fare festa**, nient'altro.

Per caso — o per destino — abbiamo incontrato **lo stesso buttafuori** in tre locali diversi, in tre serate diverse. L'ultima volta ci ha finalmente riconosciuti: **"No, cazzo! Voi tre ancora NO!"**

Ricordava benissimo la sera prima. Io ero uscito nella sala fumatori **abbracciato** a una bottiglia di spumante.

Mi fermò: **"Ma si può sapere che cazzo fai?"**

Io, senza pensarci, gli risposi: **"Proteggo la nostra bimba! Non deve essere sequestrata!"**

Rimini ci ha segnato. Non per le donne, né per il mare. **Ma perché per qualche giorno ci siamo sentiti liberi, fuori da tutto.**
Sporchi, allegri, vivi. E per me… **quello è bastato.**

Capitolo 66 – Churrito's, chilometri e fiducia

Dopo Rimini, **la festa lasciò spazio al lavoro**. Ma stavolta **un lavoro vero, costante, con orizzonte.**

Iniziai **sul serio** a lavorare con **Reinaldo** e **Churrito's**.

Fu l'inizio **di un nuovo capitolo della mia vita**, fatto di fiere, frittura, chilometri e fiducia.

Grazie a lui ho conosciuto **posti incredibili in tutta Italia: non solo Lombardia o Piemonte**, ma anche **Veneto, Emilia, Toscana, Liguria, Umbria, Marche, Puglia… e ovviamente l'Abruzzo.**

Ogni settimana un posto diverso. Ogni volta, un'accoglienza nuova. **Nuovi operatori, nuovi stand, nuovi sapori da assaggiare.**

E ogni volta **più sicurezza in me stesso.**

Reinaldo mi ha sempre voluto bene. Sapeva che **di me poteva fidarsi**. E io sapevo che **lui era uno vero.**

Mi raccontava spesso dei suoi progetti, di come voleva far crescere **il suo marchio.**

Perché lui è uno **con la testa imprenditoriale. Uno dei venezuelani veri**, quelli **che sono venuti in Italia a farsi il culo, a lasciare il segno.**

E ci sta riuscendo. **Alla grande.**

Ormai **Churrito's** lo conoscono **in ogni angolo d'Italia.**

All'epoca aveva 6 rimorchi. Ognuno impegnato in uno street food diverso. **Un esercito ambulante di churros, energia e musica.**

Io?
Facevo parte di quella squadra. **Con orgoglio.**

Io lo preparavo così. Ripieno.

Come **El Rey de los Churros**, **Reinaldo**, mi aveva insegnato.

Con una **macchina bollente**, mani veloci, sguardo attento. **Lo farcivo al momento**: con **Crema di Nocciole** o con **Dulce de Leche**.

La gente faceva la fila. Attirata prima dal profumo di **cannella** che si allargava nella piazza come un richiamo primordiale.

Poi veniva **il morso.** E lì… **si scioglieva tutto.**

Ogni churro era un piccolo viaggio. **Tra Europa e Sudamerica. Tra la mia infanzia e il mio presente. Tra chi ero… e chi stavo diventando.**

Capitolo 67 – L’Aquila risorge tra churros e birra artigianale

Con **Orange** ho fatto **tante fiere**. Ma **quella a L’Aquila… è rimasta impressa come un marchio caldo sulla pelle.**

La città era **ancora ferita dal terremoto**. Strade chiuse, macerie ovunque. Polvere nell’aria. Polvere nei ricordi.

Si respirava la terra. Una terra che aveva tremato, che aveva urlato insieme alle sue case, e che adesso **provava a rimettersi in piedi.**

Le mura sussurravano ancora la paura. I silenzi erano pesanti. Ma sotto le macerie, **viveva la voglia di tornare a sorridere.**

Street Food Time a L’Aquila fu **il primo grande evento dopo il terremoto.**

E portò **vita.**
Colori.
Profumi.
Gente.
Musica.
Rinascita.

Arrivammo miracolosamente. Fra mille manovre col furgone e il rimorchio. Erano le 15:00. **Un caldo bestiale.**

Piazza Duomo bolliva. Il cemento crepato **fumava sotto il sole**. Gli espositori stavano ancora arrivando, ma la piazza… **la piazza era già piena.**

Curiosi, affamati di festa.

Al centro lo stand della birra: **artigianale**, ovviamente. **Abruzzo, Puglia, Marche.** Ogni bicchiere una storia. Ogni schiuma una risata.

Era il mio primo evento con Street Food Time. Parcheggio il rimorchio, mi giro verso Orange:

"Tu inizia a montare, vado a fare il check-in in albergo e torno."

Nemmeno un'ora ed ero già lì. Orange mi guarda in tilt.

"Cla… ho già incassato quanto in una giornata brutta!"

Lo vedo in crisi, con le mani che tremano tra pinze e zucchero. Corro ad aiutarlo.

Da lì, **il delirio.**

I birrai esauriscono tutto già dal primo giorno. Corrono nei birrifici a caricare altra birra. **Tutti i truck vendono tutto.**

Tutto sold out. Il primo giorno. Mai visto niente di simile.

Quella fiera non era solo un evento. Era un segno.

L'Aquila **voleva tornare a vivere. E ci stava riuscendo, una birra alla volta, un churro alla volta.**

Intanto, l'Abruzzo iniziava ad incantarmi sempre di più. La sua gente, la sua accoglienza... i suoi paesaggi mozzafiato.

Avevo capito che non era solo Pescara ad attrarmi: **era la Regione intera** a conquistarmi, lentamente, profondamente.

E pensare che non avevo ancora visto tutto...

Capitolo 68 – L'apetta gialla e la regina dello Street Food

Dopo L'Aquila, il viaggio ci portò a un'altra **Piazza Duomo**: stavolta a **Teramo**.

Stessa organizzazione, stesso cuore: Street Food Time.

Ma stavolta fu diverso. Stavolta ebbi modo di **entrare dietro le quinte**, di vedere **chi c'era davvero dietro quel marchio che ormai tutti riconoscevano.**

Fu lì che conobbi **meglio lo staff**, **i ragazzi che lavoravano fianco a fianco con Barbara.**

Barbara Lunelli. La donna che ha portato **lo street food di eccellenza** in tutta Italia.

Barbara non è solo una che organizza eventi. **Lei li cura. Li costruisce con precisione chirurgica. Li vive. Li respira.**

I suoi eventi sono **pulizia, estetica, qualità. Ogni tavolo viene sistemato. Ogni esposizione controllata. Ogni piatto deve essere all'altezza. Punto.**

E se non lo è… **non ci torni.**

Questo è il suo standard. E questo è il suo valore.

Ancora oggi, i suoi eventi sono indimenticabili. Perché la gente, quando vede **quell'apetta gialla, sorride. Si attiva. Sa che sta arrivando il buono.**

Quando arriva **Street Food Time**, la gente **libera la pancia per 3 o 4 giorni.** Lo sa. Lo aspetta.

Quel marchio ti entra nel cervello. Quella donna, ti resta nel cuore.

Capitolo 69 – Ciao, mi devi pagare

Un’altra città. Un’altra piazza. Un altro Street Food Time. Io e Orange, il cugino di Rey, arriviamo, scarichiamo, montiamo. Routine.

Tutto normale. Finché non arriva **lei**.

Si presenta come un potente ufficiale giudiziario: “Ciao, Giuliana. Street Food Time. Mi devi pagare.”

La guardo. Non capisco un cazzo.

“Come scusa?”

Lei, implacabile:

“Non risulta il pagamento della piazza. Se non paghi... devi andare via.”

E lì... mi è crollato il mondo. Reinaldo si era **dimenticato**.

Dimenticato di pagare.
Dimenticato di avvisarmi.
Dimenticato di darmi i soldi.

Lo chiamo.
Non risponde.
Lo richiamo.

Finalmente:
“¡Coño de la madre, chamo! Me lo olvidé…”

Bravissimo, Rey. Genio.

E adesso? Che cazzo faccio?
Rey: "Chiamo Barbara. Vediamo se risolviamo."

Barbara, la regina dell’evento, che aveva sempre un occhio di riguardo per Rey. Onesto, sorridente, trasparente. Un barattolo di Nutella in un mondo di affamati.

Alla fine decidono: pago con l’incasso della prima sera. Problema risolto? Forse.

Giuliana mi fissava ancora. Come se volesse spararmi. Come se dicesse: **"Per me te ne dovevi tornare a casa a calci."**

E invece no. Uno sguardo. Una scintilla. Un incrocio di destini.

Anche se nessuno di noi due lo sapeva ancora... quel giorno era **solo l’inizio**.

Capitolo 70 – Quella sera Monica

In quel periodo, mentre il mondo correva tra fritture e chilometri, a Villanova qualcosa iniziava a bollire.

Di solito tornavo dalle fiere il lunedì mattina. La strada finiva dritta davanti al mio divano. Silenzio. Tanto silenzio.

Nessuno da chiamare, nessuno da vedere. Maf, Samir, Sam… tutti al lavoro. E io lì, con il mio telecomando e la solitudine che mi sedeva accanto.

Facebook era diventato la mia compagnia muta. Scorrevano facce, pubblicità, ricordi... e un po' di vite altrui.

Finché una sera, una notifica: **"Persone che potresti conoscere."**

Monica.

Già dalla foto profilo capii che aveva qualcosa di diverso. Non era solo bella. Aveva uno sguardo pieno di musica.

Curioso, leggo la bio: **"Ha studiato presso il Conservatorio G.F. Ghedini – Cuneo."**

Io, che manco sapevo ci fosse un Conservatorio a Cuneo.

Ma quella parola — **musica** — mi accese subito.

Le inviai l'amicizia. Dopo qualche ora… accetta.

Era tardi, ma mi buttai: **"Ciao, vedo che sei musicista… che bello. Io adoro la musica. Amo cantare. E tu?"**

Risposta quasi immediata:

“Ciao, piacere, Sì, io in realtà cantavo… beh, cantavo una volta. Ora non più.”

Fu lì che capii che non era una semplice appassionata. Era una cantante strepitosa. Anche se a me, all’inizio, non voleva proprio dirlo.

Capitolo 71 – Il piano, la voce e la verità

Parlammo del più e del meno, quella sera. Lei si era lasciata da poco, **dopo anni di convivenza**. Anche lì, ci siamo ritrovati.

Ci scambiammo i numeri, e andammo a dormire. Niente di più. **Ma in quella semplicità, era nata una bellissima amicizia.**

Un giorno mi invita a casa sua, a **Torino**. Un appartamento fantastico, in un **quartiere multietnico** dove la sua presenza sembrava **un contrasto perfetto**.

Ma bastava entrare in casa per capire. **Un mix di moderno e vintage**, una cucina industriale da ristorante, un'isola che separava il salotto e poi… **una stanza dedicata solo a lui: il pianoforte.**

Così, quasi senza pensarci, le dissi: **"Ti va di ascoltarmi? Dammi il tuo parere."** Lei acconsentì.

"Seguimi con la voce, fammi sentire cosa sai fare." Mi disse, sorridendo.

Iniziò con alcune melodie, per sciogliere la voce. Io la seguii senza pensarci troppo.

Mi guardò.
Un attimo lungo, silenzioso.
Poi disse:
"Però sei intonato."

Mi fissava dritto negli occhi.
Io, con un mezzo sorriso:
"Sì... così dicono."

E mentre rispondevo, mi accorsi che avevo quell'aria da tredicenne beccato a rubare dal fruttivendolo la mela per la merenda.

Lei continuò **a salire di tonalità**, per vedere fin dove riuscivo ad arrivare.

Io non cantavo da tempo. Non arrivai molto in alto. Ma **non avevo mai studiato canto**. Io sono **autodidatta**. Con un buon orecchio. E lei… **questo lo notò subito.**

Con lei **ho fatto le mie prime vere lezioni di canto**. In cambio, io cercavo **di insegnarle lo spagnolo**.

Era nata **una bellissima amicizia**. Una cosa **pulita, sincera, intensa**.

Tanto bella… che io ci persi la testa.

E lei lo capì. **Eccome se lo capì.**

Uscivamo spesso. Tra uno Street Food e l'altro, mi ritagliavo tempo **per Torino**, per lei.

Cene fuori.
Racconti.
Risate.
Silenzio.

Poi arrivò **il momento della verità**.

"Cla, a me dispiace vederti così. Si vede che sei innamorato di me.
Ma io no. Io sono, e sarò sempre, **la tua amica.**"

E così è stato.

Ci siamo sentiti ancora, ma sempre **più di rado**. Fino quasi a zero.

Ma Monica… e questa storia… **la porterò con me per sempre.**

Il Coniglio nella Luna

🎵 In Venezuela si dice che,
se guardi la luna
e ci vedi un coniglio,
vuol dire che sei innamorato.

👉 *Inquadra il QR per ascoltarla su Spotify.*

Con gratitudine a:
🎙️ **Fabrizio Barale**, per aver dato suono e spazio a questa visione nel suo studio.
🎤 **Olga Levictchi**, per la sua voce che ha attraversato la canzone con grazia e verità.

Capitolo 72 – Vivir mi Vida

Lo show, comunque, doveva continuare.

E Monica, nel bene e nel male, mi aveva dato quella marcia in più per riprovarci. Ancora una volta con la musica. Ormai era diventata **una storia d'amore e odio** tra me e quel mondo, ma… **ci riprovai. Eccome se ci riprovai.**

Partecipai a un concorso televisivo per una rete locale tra Torino e la Val d'Aosta. Andò avanti per diverse puntate, finché non arrivò il momento della **finale**, in un teatro di un hotel vicino all'aeroporto di Caselle.

Scelsi un pezzo che mi rappresentava: **"Vivir mi Vida" nella versione di Marc Anthony.** Aprii io la serata. Il primo a salire sul palco.

Un brano che ti sveglia, ti accende. **Quel pezzo marcava il mio ritorno alla vita.** Lo cantavo sempre, soprattutto in macchina da solo. Ma anche alle fiere, mentre preparavo i churros. Dal rimorchio partivano le casse e… "Voy a reír, voy a bailar…" La gente si avvicinava, rideva, mi guardava ballare mentre friggevo.

Non ho vinto. Neanche il podio. Ma **quando si tratta di musica… io devo viverla.** Con tutto me stesso.

🎤 **Guarda l'esibizione su YouTube.** Scansiona il QR qui sotto per rivivere quel momento insieme a me. *Vivir mi Vida – la mia versione, la mia energia, il mio modo di dire al mondo che non avevo ancora finito.* 📲

Capitolo 73 – Pioggia, Tempesta e Michela… cazzo, l'ha appena detto

Una sera d'estate, di quelle dove il Piemonte si scalda giusto il tanto che basta per avere voglia di uscire, **Samir mi chiama.**

"Cla, stasera a Mondovì ci sono i *Doi Pass per Mondvì*."

È una sorta di notte bianca. Tutti in centro, negozi aperti, musica, bancarelle, cibo e… gente. **Tanta gente.**

E noi? **Noi dovevamo esserci.**

Io e Samir ci troviamo lì, a girare senza meta, ridendo, parlando, commentando ogni angolo di quella festa estiva che sa di birra e salsiccia. E poi… **arriva lei.**

Michela.

Io, quella sera, la conobbi per la prima volta.

Mafud, come al solito, **era stato il collante**: l'aveva presentata **a Samir tempo prima**, durante una festa.

Ma — e qui arriva il bello — **nessuno dei due si ricordava il nome dell'altro.**

"Weee *Pioggia*! Ciao *Tempesta!*"

Così si salutavano. A caso.

Così si erano chiamati **da allora**. Perché nessuno aveva mai avuto il coraggio (o la voglia) di chiedere "come ti chiami?" una seconda volta.

Poi lei si avvicinò a me. Con naturalezza, con quegli occhi da gatto che ti fissano prima ancora che tu te ne accorga.

"Ciao, sono Michela."
"Piacere, Claudio."

Ecco fatto.
Nome memorizzato. Fine.

Ma **Samir, ovviamente, non ascoltò un cazzo.**

Si parlava del più e del meno, quando ad un certo punto lei disse:

"Io almeno mi ricordo del tuo nome… tu sei Samir."

E lui:

"Eh vabbè… tu sarai… Federica? Francesca? No?"

Io lo guardai sconvolto.

"No, Samir… **lei è Michela. Cazzo, l'ha appena detto!**"

Samir è così. Un giorno mi convincerò che **fa finta di essere scemo**, ma poi ci ripenso… e **forse lo è davvero.**

Da quella sera, **Michela si unì al gruppo.**

Feste, serate in discoteca, ma soprattutto… **mangiate a casa mia.**

Perché **a casa mia**, una buona grigliata **non manca mai.**

Quando non avevo fiere di Street Food, l'estate era nostra.

Ci si dava appuntamento fisso: **io, Samir, Mafud, Sam, Michela…**

E poi… **arrivò anche Ottavia.**

Maf, zitto zitto, aveva cominciato **una storia con lei**. All'inizio si vedevano di nascosto, poi a un certo punto Maf iniziò a **sparire per ore** durante le serate.

Noi:

"Ma dove cazzo sei stato?"

Lui:

"A farmi un giro."

Ma un giorno, come sempre con il suo stile, ce la presentò:

"Raga, lei è la mia ragazza."

Ecco Maf.
Elegante, discreto, mai banale.
A lui **lo stile non manca mai.**

Capitolo 74 – Californication, Pampero e la mia nuova famiglia

Quell'estate, per la prima volta, **vidi una Provincia di Cuneo diversa.**

Non quella che ti accoglie col sorriso al primo incontro. No.
Quella che vedi solo se ci nasci. Quella dove gli amici **te li fai a scuola, e te li tieni tutta la vita. Quella dove gli "altri" non entrano.**

Ma io… ce l'avevo fatta.

Finalmente **anch'io avevo un gruppo. Loro erano diventati la mia nuova famiglia.** Il mio motivo per restare, **anche in quel posto freddo, pieno di neve.**

E chi l'avrebbe mai detto? **Un marocchino, con 10 anni in meno di me sarebbe diventato mio fratello.**

Samir.
Compagno di avventure.
Di risate.
Di follie.

Una sera, a casa mia, scopriamo **Californication** su Netflix.

Appuntamento fisso. Io e lui, **Pampero Aniversario in mano, sigaretta tra le dita, e Hank Moody sullo schermo.**

Ridevamo come pazzi. Non era solo una serie. Era **la proiezione di tutte le nostre assurdità.**

Con Michela, invece, le cose erano più tranquille. **Era la mia compagna di aperitivi.**

Solo che **i nostri aperitivi erano due bottiglie di vino.**
Al bar.
A parlare di tutto.
A dimenticare ogni cosa.

Con **Sam**, in realtà, ci parlavo poco. Ma ha sempre dato il verso giusto a gli incontri del gruppo.

E poi c'era **Otty**.

All'inizio la vedevo **come quella che mi stava "rubando" Maf.**
La ragazza che rompeva l'equilibrio.

Ma poi… **ha dimostrato di essere una di noi.**

Alla fine, se **sta con Maf… un motivo c'è sicuramente.**

E quel motivo… **era scritto nei sorrisi, nei silenzi, e nei suoi occhi sinceri.**

Capitolo 75 – Francavilla, l’onda buona e il ritorno di Giuliana

Quell’estate Reinaldo mi chiamò all’improvviso: «Cla, c’è uno Street Food a Francavilla al Mare. Non è di Barbara, ma abbiamo pagato la piazza. Poi devi andare a Trani. Ci vai tu?»

E ci andai.

Arrivai prima come sempre. Parcheggiai il rimorchio, ma era ancora presto. Così mi concessi una passeggiata sul mare, da solo.
Io il mare lo vivo così. In silenzio. Il rumore delle onde, l’odore del sale, i pensieri che mi inondano la testa.

E fu proprio lì che mi tornò in mente Agostino, il mastro birraio dello Street Food Time. Gli mandai un messaggio: «Weee Ago! Sono a Francavilla per uno street, che fai? Ci beviamo una birra?»

Rispose subito con quella parlata a metà tra Calabria e Abruzzo: «Oh Cla! Che shtai a fa’? Vengo con due amiche. Vediamoci a Pescara, zona Merci.»

Ci vedemmo. E con lui… arrivò Giuliana.

Sì, proprio lei. Quella che voleva cacciarmi dallo Street Food di Teramo. E invece, quella sera, nacque qualcosa di inaspettato. Parlammo per ore. Scattò un’intesa immediata, di quelle rare. E mentre gli *Old Fashioned* facevano da colonna sonora liquida alla serata, io mi rilassavo completamente. E ridevamo. Tanto.

Poi Ago, come un’uscita di scena teatrale:

«Raga, io vado… devo dar da mangiare a mio figlio.»

Una scusa così scarsa che non se la credeva manco lui.

Mi guardò e disse:
«Cla, la porti tu, eh? Mi raccomando…»
«Tranquillo Ago. Ci penso io.»

Rimasti soli, nel locale arriva uno di quei venditori di rose da film.
Mi guarda e urla:
«Weeeee Pistolo Durooo!»

Io, senza pensarci un secondo:
«No no, guarda che lei è trans!»

Giuliana arrossì, poi scoppiò a ridere:
«Ma dai! Non è vero!»

In simpatia, presi la rosa. Ridevamo ancora.

Rimanemmo lì fino alle due del mattino. Il gestore ci cacciò spegnendo tutte le luci: eravamo rimasti solo noi due. Lei doveva andare a Bari il giorno dopo. Io a Trani.

Le dissi: «Ti porto io, volentieri.»

Scambiammo i numeri. La riportai a casa. Due baci sulle guance. Una "buonanotte". E il resto… il resto lo avrebbe scritto il tempo.

Capitolo 76 – Mare, magia e gomme sparite

Il giorno dopo ci scambiammo qualche messaggio. Andai a prenderla a **Chieti Scalo**. Viveva in un appartamento con un'altra studentessa. Scese con un borsone in mano e salì sul furgone. Sembrava una scena da road movie, ma il mio copione aveva già un imprevisto.

"Guarda, il mio capo mi deve ancora confermare per lo Street Food a Trani. A quanto pare il meteo fa schifo e forse rinviano tutto…"

Mi mordevo le mani. Io **volevo passare ancora un po' di tempo con lei** prima di tornare su, a Mondovì. Ma Giuliana, con la sua solita leggerezza, disse:

"Va bene, no problem. Male che va prendo il treno a Bari. Figurati."

Così ci fermammo a **Pescara**, al mare.

E Pescara, ogni volta, **mi travolgeva.** Il mare, la luce, il respiro della costa.
La sabbia calda. Lei vicino. Le chiacchiere che non finivano mai.

E proprio lì, sdraiati, arriva la chiamata. **Reinaldo.**

"¿Qué dice el Rey de los Churros?"

Così lo chiamavo, per prenderlo in giro.

Come sempre, **poco comunicativo**.
Silenzio.

"¿Aló?"
"Ah sì… Cla. Allora, ho una notizia buona e una cattiva."

Lui **non sapeva che avrei portato Giuliana**, quindi **la buona notizia per me era già una mazzata.**

"Hanno sospeso Trani. Puoi tornare oggi."

Silenzio.

"E poi?"

"Eh Cla…"
"…silenzio…"

"¿Aló? ¡Rey! ¿Estás ahí?"

"Sì sì… scusa.
La brutta notizia…
ti hanno rubato **due gomme alla Panda**."

"Noooooooo cazzo!!!
Porca puttana!!!"

A **Caracas** non mi era mai successa una cosa del genere. **Lasciai la macchina a Rho, davanti a casa sua… e mi fregano le gomme?**

Era uno scherzo?

"No, Cla. Purtroppo no…"

Tutto quello che avevo guadagnato a Francavilla… volato via per due cerchi e due gomme.

Reinaldo, da vero fratello, mi aiutò a trovarle da un ricambista, giusto per riuscire a tornare a casa. Poi ovviamente le comprai nuove.

Non potevo girare per l'Italia così.

Riportai Giuliana **alla stazione.** Due baci, in amicizia. Un sorriso stanco. **E via verso Milano.**

Il mare alle spalle. La magia sfumata. E **due gomme in meno**.

Capitolo 77 – Collisioni, Barolo e Maria Salvador

Mi chiama Maf. «Cla, sabato si va a Barolo. Collisioni. Vengono J-Ax e Fedez.»

Io stavo bene nel mio delirio quotidiano, ma lui insisteva. Samir e Sam avevano già preso i biglietti. Era una trappola. Una dannata imboscata emotiva.

"Ma chi? Fedez? No dai, almeno dimmi Sting…"

Niente da fare. Io speravo in Knopfler, mi ritrovai tra ragazzini con la felpa Supreme. Maf rideva, Samir ballava, e Sam riprendeva tutto col telefono.

Collisioni.
Barolo.
Un posto dove cammini e il vino ti sale in gola anche solo respirando.
E io, per sopravvivere, **ne ho bevute due di bottiglie. Prima di entrare.**

Per cercare di dimenticare che mi stavo per sorbire Fedez. Non ce l'ho con lui, ma per me è come prendere un cazzotto nei coglioni col sorriso. E se stai leggendo, Fedez, tanto di cappello: **tu ce l'hai fatta, io no. 1-0 e palla al centro.**

La serata? Un delirio.

J-Ax ha fatto il suo. Almeno lui ci credeva. Fedez no. Fedez era uno spot vivente di Instagram con l'autotune.

Eppure…
Guardavo i miei fratelli. Maf, con quell'anima che sembrava uscita da un film di Emir Kusturica. Samir che urlava come se fosse a un concerto dei Gipsy Kings. Sam, silenzioso e presente, con lo sguardo da poeta nascosto.

E lì ho capito. Non era per i Rolling Stones che ero lì. **Era per loro. Era per sentirsi vivi. Anche tra la musica sbagliata.**

Barolo ci ha ubriacati il giusto. Fedez ci ha confusi il cervello. E quella sera, in mezzo a tutto, mi sono sentito libero.

Io volevo Sting.
Mi hanno dato Fedez.
E alla fine, mi sono preso tutto il resto.

Capitolo 78 – Miami: passaporto, sospetti e un Dominicano con la verità in tasca

L'inverno di quell'anno lo ricordo bene. Stavo ancora nel **bunker**, quel buco senza ossigeno che, col tempo, avevo pure iniziato ad amare.

Poi mi chiama mio fratello:

"Cla, quest'anno mamma, papà e le zie vengono da me a Miami. Che fai, non vieni?"

Lui, che lavorava nel marketing di un rum famoso, parlava come se si fosse dimenticato **come vivevo io in quel momento**.

"Fa… sto nella merda. Non penso."

Poi arriva la chiamata di **Zia Paola**, la mia madrina:

"Claudio, tranquilo. Vieni con noi. Penso a tutto io."

E ancora una volta… **Zia Paola mi ha salvato il culo.**

Prima partirono mamma e papà. Io volai con **Paola e Titta**.

Atterriamo a Miami.

"Passport please."

Do il mio passaporto italiano. Tutto a posto. Poi l'agente alza lo sguardo:

"Lei con chi viaggia?"
"Con le mie zie, eccole lì."

Fanno passare loro.
Io, invece, **bloccato**.

Cristo.

"C'è un problema?"
"Il suo passaporto scade tra sei mesi.
È nato in Venezuela.
Ha anche il passaporto venezuelano?"

Sempre così. Ogni volta che leggono *nato in Venezuela*, è come se tutto il resto sparisse: il passaporto italiano, il cognome Di Giammarco, l'accento mezzo piemontese… niente conta.

Chiedo alle zie di andare avanti. «Dite a mio fratello che lo chiamo… se esco.»

Un agente asiatico mi porta in una stanza. Dentro: **300 persone.** La maggior parte latinos.

E io. Dieci ore d'aereo. Nessuna sigaretta. Solo neon e panico.

Dopo due ore, arriva uno.
"Di Giammarco?"
"Io. Colpevole."

"Posso fumare?"
"Assolutamente no."

Ecco, funziona solo nei film.

Mi interroga un agente **dominicano**, che sembrava il giudice del mondo.

Domande assurde, scriveva tutto. Mi guardava come se volesse leggermi la fedina penale direttamente negli occhi.

Poi dice:

"Ho verificato tutta la tua storia. E io so quando uno mente. Tu hai detto la verità."

"Ti lascio entrare. Ma ricorda: sei turista, non puoi lavorare qui. E rispetta il volo di ritorno."

L'America.
Un dominicano che ti spiega la legge dei gringos. Assurdo. Ma vero.

Lo guardo. Sorrido.

"Lavorare? Ma che scherzi?
Io sono venuto a divertirmi."

Ci vediamo tra 15 giorni, fratello.

Capitolo 79 – Mojitos, vecchi amici e un arrivederci nervoso

Una volta fuori dall'aeroporto, era come se avessi riconquistato l'aria. Miami mi aspettava con la sua umidità appiccicosa, e **una famiglia intera pronta ad abbracciarmi.**

Mio fratello abitava in una **villa pazzesca**, in un quartiere che sembrava finto da quanto era curato. Piscina, barbecue, palme… **il sogno americano, ma con il rum caraibico dentro.**

Tra un mojito e l'altro, **messaggiavo con Giuliana**. Le raccontavo di quella casa assurda, del quartiere, della piscina, di come sembrava di stare in un film.

Lei rispondeva sempre. Poche parole, ma precise. E ogni volta che leggevo il suo nome sullo schermo, mi si apriva qualcosa.

In quei giorni ho rivisto **Melina**, la mia vecchia amica della *Nueva Esparta.* Ci siamo guardati con quella complicità da "sopravvissuti". Ci siamo raccontati tutto, come se fossero passate settimane, non anni.

E poi ho rivisto anche **Humberto**, l'amico dell'università di mio fratello. Un altro pezzo di casa. Un altro mojito, un altro ricordo.

I giorni scorrevano veloci, tra risate, cibo, piscina e rum.

Quindici giorni di respiro. Quindici giorni **dove nessuno mi guardava come un problema.**

E poi, il ritorno.

Torno in aeroporto.
Controllo passaporti.
Questa volta tutto liscio.

Nessuna attesa.
Nessuna stanza.
Solo uno sguardo e un timbro.

Come se mi dicessero:

"Vai. Vattene.
Prima che ci ripensi."

E io sono andato. Con lo zaino carico di rum, sole e malinconia.

Pensando che, in quel paese, **ogni nato in Venezuela è ancora visto come un potenziale narcotrafficante.**

Eppure lì, in America, ho amici, parenti, compaesani che **si fanno il culo dalla mattina alla sera** e pagano le tasse **come ogni santo Gringo.**

Ma va bene così. Io me ne tornavo a casa. Con dentro **una fiamma.** E un messaggio in sospeso con **Giuliana**.

Capitolo 80 – La terra tremava, ma io ero fermo

Tornato dagli USA, mi aspettava **Chieti**. Street Food Time in versione Halloween. Barbara e il suo staff si erano superati.

Ma quella notte… la **terra tremò di nuovo.**

Dormivo in un B&B antico. Alle sei del mattino, tutto iniziò a vibrare. Lo scaffale del bagno si aprì da solo. Le urla salivano dalla strada. **Io, in mutande, bloccato sulla porta.**

Per un attimo pensai:

"È finita."

Poi, dopo la scossa, arriva il messaggio di **Giuliana**:

"Cla, tutto bene?"

Volevo scriverle "chi cazzo me l'ha fatto fare", ma risposi solo:

"Bene."

"Vieni che ti preparo un caffè."

Fu la prima volta che andai a casa sua.

Un abbraccio. Due chiacchiere.
E qualcosa si accese.

La sera, **Agostino** guidava lo scuolabus dello staff. La sua macchina era piena. Mi butta nel bagagliaio.

Lascia Giuliana. Finge di farmi salire davanti. **E poi se ne va.**

Mi lascia lì. Con lei.

Lei chiama. Si incazza.
Non era ancora pronta.

Ago torna un'ora dopo.
Mi riporta al B&B.
Quella notte non dormii.

Non solo per il terremoto.

Pensavo a lei.
E a quanto, cazzo, mi piaceva.

Capitolo 81 – Il viaggio di una notte

A Chieti non ho avuto modo di parlarle davvero. Giuliana era sempre impegnata, sempre di corsa tra un incarico e l'altro. Tornato a Villanova, non ce la facevo più. Le scrissi:

"Ti volevo parlare, ma purtroppo non c'è stato modo... Penso che mi piaci. Anche tanto."

Lei rispose come non mi aspettavo:

"E perché non vieni a trovarmi?"

E così fu. Fu lei a prendermi il biglietto A/R per Pescara. Io prenotai un B&B. Solo una notte. Solo per capire.

Partii ancora una volta per l'Abruzzo, stavolta in treno. Quando arrivo a Pescara Centrale e scendo le scale della stazione, la vedo. Giuliana. Un vestito grigio, elegante, semplice. E un sorriso che mi disarma. Era semplicemente meravigliosa.

Un abbraccio lungo, profondo. Le chiesi di accompagnarmi al B&B a lasciare i bagagli… ma da lì, non siamo mai più usciti. Solo una cena davanti al mare, e poi di nuovo stretti, lontani dal mondo.

Quella notte fu un terremoto. Non della terra, ma dell'anima.

Una magia silenziosa, una connessione che non chiedeva spiegazioni. Una scossa che mi ha attraversato da dentro.

In quel momento ho capito una cosa. Giuliana non mi piaceva soltanto. **Giuliana era *quella* che stavo cercando da sempre…**

Capitolo 82 - Una notte all'Aquila, una vita cambiata

Con Giuliana, dopo quella prima volta intensa, ci siamo rivisti ancora una volta, sempre a Pescara. Sempre la stessa energia. Sempre le stesse emozioni che ci incendiavano dentro. Sempre quel B&B sul Corso Umberto I che ormai era diventato il nostro rifugio segreto, il nostro piccolo mondo.

Poi arrivò L'Aquila. Io andavo come espositore con Churrito's, e Giuliana lavorava con Barbara allo stand principale, insieme ad Agostino, che portava la sua birra artigianale, la Mad Hopper, e faceva da mastro birraio per l'assistenza agli spillatori.

Ricordo che partii la sera prima dell'evento, e passai a prenderla a Chieti. Salimmo in macchina come due complici, come due anime che si erano scelte in silenzio. Nessuno sapeva nulla di noi. Solo Ago, che con la sua solita ironia mi prendeva in giro:

"Lasciala stare, quella rompe troppo i coglioni!" Rideva mentre lo diceva, ma sotto sotto c'era un fondo di verità. Eppure... era proprio quel suo modo di essere — quel misto di stronzaggine e dolcezza, quella sensualità che non cercava di piacere a tutti — che a me faceva perdere la testa.

Quella sera, all'Aquila, fu magia. Non una magia qualsiasi. Fu la notte in cui la complicità esplose in qualcosa di più grande, qualcosa che nessuno dei due avrebbe potuto più negare.

Quella notte, senza saperlo, abbiamo concepito Giuseppe. Il nostro Nanito. Il pezzo mancante della mia anima.

Quando la fiera finì, dovetti ripartire ancora una volta per Villanova Mondovì. Ci salutammo con un abbraccio carico di speranza, e un bacio infinito, come se volessimo fermare il tempo.

Non sapevamo quando ci saremmo rivisti, non sapevamo cosa ci avrebbe riservato il futuro, ma sapevamo che niente sarebbe più stato come prima.

Lei era entrata nella mia vita come un uragano, e adesso, dentro di lei, stava crescendo la nostra tempesta perfetta.

Capitolo 83 - Una notizia che ti sfonda

Quel giorno ero a Torino, buttato su un divano a casa di amici.

Arriva un messaggio. Non lo guardo nemmeno. Il telefono squilla subito dopo.

Rispondo.

"Hai visto il messaggio?"

"Non ancora... che c'è?"

"Guardalo."
Click.
Mi chiude il telefono in faccia.

Cerco di aprirlo, nemmeno faccio in tempo e mi richiama.

"Beh? L'hai visto?"

"Giuli, porca puttana, dammi un secondo... che succede?"

"Sono incinta. Ti ho mandato il test."

Silenzio.

Un silenzio brutto. Non uno di quelli poetici. Di quelli che ti fanno venire voglia di spaccare tutto e abbracciare qualcuno allo stesso tempo.

Mi si incasinano il cervello, le mani, la pancia. Emozione, terrore, amore. Tutto in un unico colpo nello stomaco.

Le dico:

"Domani sono lì."

Bugia.

Partii quella sera stessa. Presi la Panda, A14, e via. Via a farmi distruggere o salvare. Non lo sapevo.

Arrivai a casa sua a Chieti, quella che divideva con un paio di ragazze. Ignare, povere cristiane.

Solo una sua amica lo sapeva. E ora io.

Ci guardammo.
Ci stringemmo.
Non capimmo un cazzo.

Piangemmo.
Ma non di quelli belli da film.
Piangemmo perché non c'era altra scelta.

"Cosa vuoi fare?" mi chiese.

Non ci pensai manco mezzo secondo:

"Lo voglio."

Fine della storia.

Era iniziato il casino più bello della mia vita.

Zero lavoro fino a maggio. Lei, pure. Una laurea da finire. Due anime senza un piano.

Andammo dal ginecologo. Il monitor ci mostrò un esserino che sembrava già più forte di noi.

Il bambino stava bene. Più di quanto stessimo bene noi.

Nel frattempo mia madre si chiedeva perché diavolo stessi ancora a Chieti. Non le dicevo niente. Non sapevo nemmeno io da dove cominciare.

Intanto a casa, l'atmosfera si faceva pesante. Giorgia cominciava a guardarmi come si guarda un parassita.

"Ma questo quando cazzo se ne va?"

E aveva ragione. Non avevo soldi, non avevo un posto mio, non avevo piani.

Solo Giuliana.

Quando lei partiva per Bari, io mi prendevo un B&B, tirando a campare. Quando tornava, tornavo anch'io.

Facevo la spola tra una bugia e un sogno.

Io volevo stare. Lei... chissà.

A volte sembrava volermi. Altre sembrava volermi seppellire vivo.

Io ci credevo. Anche quando non c'era un cazzo da cui credere.

E dentro di lei... c'era **Giuseppe.**

E per lui, cazzo, valeva la pena.

Capitolo 84 - Una scelta fatta di pance, viaggi e sogni

Un giorno Giuliana si sveglia, mi guarda e con tutta la sua solita schiettezza mi dice:

"Forse è ora che inizi a cercarti un lavoro..."

Aveva deciso. Mi voleva anche lei nella sua vita. Non solo Giuseppe.

Quasi in contemporanea, chiamai mamma:

"Sarai nonna per la terza volta."

Non so se quell'urlo era di felicità o di disperazione, o forse tutte e due le cose insieme. Fatto sta che da quel momento iniziammo a cercare casa.

Le mie tre mamme e papà ci aiutarono con le spese del nuovo appartamento.

Non è stato facile trovarlo. Avevo ancora tutti i mobili che tenevo nel bunker a Villanova e non volevo certo buttarli via. In una città universitaria come Chieti, trovare un appartamento vuoto era come cercare una birra fresca nel deserto.

Ma alla fine ce l'abbiamo fatta.

Due camere, una sala, una cucina, un bagno e — soprattutto — un fantastico giardino.

Deciso: lo prendiamo!

Maf, da Villanova, mi diede una mano che non dimenticherò mai. Praticamente mi smontò tutti i mobili, mi imballò le cose e le lasciò pronte per il trasloco. Feci due viaggi: uno con Agostino e uno con Giuliana.

La sua pancia era già una poesia. Tra un vomito e l'altro, siamo arrivati a Mondovì.

Giuliana non conosceva ancora i miei amici, né i miei genitori. Eppure stavamo per avere un figlio.

Una relazione completamente al contrario. Ma ci aveva portati fino a lì.

Prendemmo le ultime cose a casa mia, con l'aiuto di Maf, Samir e Sam, mentre Giuliana continuava a vomitare come se dovesse sputare via tutta l'ansia del mondo.

Poi partimmo per Alassio.

Quando i miei videro Giuliana, la abbracciarono subito. Un "benvenuta in famiglia" in pieno stile venezuelano: abbracci, baci, arepas e salsa!

Capitolo 85 - Il nostro nido, tra mobili, viaggi e vomito

Partimmo il giorno dopo con il furgone ancora pieno. Era il secondo viaggio, ma per fortuna ero riuscito a comprare abbastanza mobili per riempire il nostro nuovo nido.

E tra un vomito e un altro... arrivammo a Chieti.

Giuro, non avevo mai visto una persona vomitare così tanto. E di persone che vomitavano ne avevo viste parecchie. Solo che quelle non erano incinte...

Una volta nella nuova casa, iniziai a sistemare i mobili, uno a uno. Intanto approfittavamo ancora della bontà di Giorgia, che — incredibilmente — iniziava pure a volermi bene.

Dopo pochi giorni, finalmente, portai Giuliana nella nostra nuova casa.

"Benvenuta al nostro nido", le dissi. Era casa. Casa davvero.

La prossima missione era il lavoro. Quindi iniziai a cercare ovunque.

Intanto Barbara mi richiamò per la nuova stagione dello Street Food in giro per l'Italia. Ero ormai il compagno di viaggio ufficiale di Ago.

E siccome Giuliana continuava a vomitare senza tregua, presi io il suo posto alla cassa dello stand principale. Lei comunque ci provava a venire agli eventi, ma lavorare era impossibile. Esatto, continuava a vomitare. Sempre.

Solo Dio sa quante volte al giorno...

Capitolo 86 - La famiglia dello Street Food

Lavorando con Barbara, iniziai a conoscerla davvero. A capire quanto cuore mettesse dentro a quell'evento che portava ovunque, come un circo itinerante fatto di sorrisi, odori, musica e chilometri.

Intanto imparavo anche un nuovo mestiere con Agostino. Mi spiegò come spillare una birra per bene, e soprattutto perché la birra doveva avere la schiuma sopra il bicchiere. Mi insegnò i tipi di birra, i luppoli, i profumi. Praticamente mi fece un master sulla birra in quattro mesi di Street Food, girando in lungo e in largo per l'Abruzzo.

Agostino è una di quelle persone che se non esistessero bisognerebbe inventarle. Se gli stai simpatico, ti dona il cuore senza riserve. Se invece entri nel lato sbagliato... è meglio che ti nascondi per sempre.

Dentro il mondo dello Street Food ho avuto anche il piacere di lavorare con Letizia, la cara amica di Giuliana, la prima a sapere della gravidanza. E poi come dimenticare Lorenzo e Francesco... Due personaggi leccesi che riuscivano a farti morire dalle risate anche mentre montavi un gazebo sotto il sole a picco.

La verità è che lo Street Food mi piaceva. Mi piaceva davvero tanto. Era una vita faticosa, sì, ma vera, piena. Ogni città una storia. Ogni serata una battaglia.

Ma con un figlio in arrivo sapevo che non poteva durare per sempre.

E così, anche mentre viaggiavo, iniziai a cercare altro. Qualcosa che potesse affiancarsi, o magari un giorno sostituire quella vita da nomade.

Perché stavolta non ero più solo. Stavamo diventando una famiglia.

Capitolo 87 - Due lavori, una pancia, zero certezze

E così, tra una ricerca e l'altra, mentre Giuliana continuava a vomitare come un geyser, arrivò una telefonata.

Il mio primo colloquio di lavoro in Abruzzo.

Pensare che a Villanova, dopo due anni, non si era mai fatto vivo nessuno...

Mi contattò un'azienda broker del settore energetico. Luce e gas. Avete presente quei rompicoglioni che ti chiamano trenta volte al giorno offrendoti "l'offerta migliore"?

Ecco.
Era una di quelle.

Loro contattavano.
Prendevano l'appuntamento.
E poi arrivavo io a chiudere.

Sinceramente non volevo più fare il commerciale. Avevo giurato a me stesso che bastava.

Ma non avevo scelta. Giuseppe stava per nascere, e le spese iniziavano a diventare montagne.

Tra le visite dal ginecologo, gli esami, le bollette di casa… tutto si complicava giorno dopo giorno.

Così mi ritrovai con due lavori: lo Street Food, che amavo, e il "cacacazzi" dell'energia.

Mi pagavano 50 euro a contratto chiuso. Se riuscivo a far firmare sia luce che gas... mi portavo a casa il centone.

Iniziai a fare numeri subito. Buoni numeri. Mi sentivo motivato, carico.

Ma l'energia di un festival di street food... quella era un'altra cosa. Quella era vita vera.

Capitolo 88 - Bari, panzerotti e l'attesa

E così arrivò agosto. E con agosto arrivò anche l’afa.

Giuliana beveva sessanta litri d’acqua al giorno per non svenire, tanto era grossa la pancia, ma soprattutto... per quanto cazzo vomitava.

Ci preparammo per la nascita. Lei voleva partorire a Bari, quindi scendemmo a casa dei suoi.

Suo padre, un avvocato di quelli vecchio stampo, professore universitario, di quelli a cui piace essere chiamato "Avvocato". Solo pochi intimi e i parenti lo chiamavano "Pino".

La mamma, invece, era una signora dolce, taciturna, curiosa.

Le giornate dentro quella casa per me non erano facilissime, ma sopportabili. Intanto Giuliana mi fece conoscere un po’ della sua città e delle sue abitudini.

Io Bari non la conoscevo. Non ci ero mai stato. E così iniziò il tour.

Perché devi sapere che se vai a Bari devi per forza andare a Bari Vecchia, mangiarti i panzerotti in quelle vie strette, e bere una Peroni rigorosamente a 1,50€, altrimenti non sei stato a Bari. (Letto con l’accento barese sarebbe clamoroso.)

Mentre stai a Bari respiri un po’ di aria di Checco Zalone. Gente amichevole, disponibile, alla mano. Tutti pronti ad aiutarti e servirti col sorriso.

L’antitesi perfetta del Cuneese.

Una poesia di città, che per un momento mi fece sentire a Puerto La Cruz, in Venezuela, in quei chioschi che vendono empanadas all'ingresso del porto dove si prendono i traghetti per Margarita. Solo che qui c'era una salsa più italiana. Ma era comunque salsa del Sud.

E tra un tour e l'altro, andammo anche a conoscere l'ospedale dove sarebbe nato Giuseppe, nei prossimi giorni.

Quando vidi quel posto rimasi a bocca aperta.

Sembrava una di quelle cliniche americane dei film. Aria condizionata a palla (che già in Italia è quasi impossibile trovare), tutto moderno, bello e pulito.

Non sembrava vero.

Personale educato e disponibile che subito si mise a nostra disposizione, spiegandoci tutto quello che serviva sapere.

Capitolo 89 - Benvenuto, Nanito!

Il 30 agosto, il suocero — l'Avvocato — decide che la figlia deve farsi vedere dal suo ginecologo di fiducia. Sai, quelli di vecchio stampo, che sembrano più adatti a venderti un trattore che a far nascere un bambino.

Andiamo.

Questo tizio era un armadio a quattro ante con la voce da cartone animato. Tipo che ti chiedi se per caso non sei finito in una sitcom anni '90.

Attacca il monitor, dà un'occhiata, poi spara:

"Signora, ma lei cosa ci fa ancora qui? Vada subito in ospedale. Non ha molto tempo."

Perfetto.
Panic mode ON.

Sono le cinque. Corriamo a casa, prendiamo la valigia già pronta come nei film, saliamo in macchina e via.

Alle 18:30 siamo in ospedale. Giuliana, ovviamente, vomitando come se stessimo arrivando al traguardo di una maratona.

Non ci fanno nemmeno sedere: dritti dentro. Il medico aveva già avvisato i poveracci alla reception.

Io resto fuori. Con i suoceri. Un trio da film horror.

Niente permessi per entrare. Né io, né loro.

Quante sigarette ho fumato? Non lo so. Diciamo che la Philip Morris mi deve ancora un ringraziamento personale per quella notte e mezzo polmone.

Passano ore. E ore.

E poi, all'improvviso, esce un'infermiera con la faccia stanca e la voce piatta:

"È nato. 50 centimetri, 3 chili e 450 grammi."

"Può andare a vederlo."

Mi alzo, cerco di sembrare un uomo serio davanti ai suoceri (cosa difficile), e vado.

E lì lo vedo… **Giuseppe.**

Piccolo, fragile, incazzato con la vita già dal primo minuto. Proprio come suo padre.

Lo prendo in braccio.
O almeno ci provo.
Avevo paura di romperlo, come si rompe un uovo se lo prendi male.

Era strano pensare che quell'esserino era stato lì, nascosto nella pancia della madre, e adesso era qui, tra le mie bracce sudate.

Un momento che ti manda in tilt il cervello.

Se non ci sei passato, non puoi capirlo.

Capitolo 90 - La prima grande lezione di paternità

Per l’evento della nascita arrivarono anche i miei.

Mamma e papà presero in braccio per la prima volta il loro terzo nipote. Per i miei suoceri invece era il sesto. Eh sì, mia cognata si era data da fare. La mia stessa età... cinque figli. Solo Dio sa come faceva.

La faccia di felicità dei miei genitori quel giorno era da incorniciare.

Mio suocero invece... faticava pure a stirare mezzo sorriso.

Mia suocera, dolcissima come sempre, mi disse solo:

"Questo è nato urlando... preparati."

All'inizio non capii.

Poi capii.

Appena uscito dall'ospedale, Giuseppe non smise più di piangere. E non dormì per quarantotto ore.

Quarantotto ore di urla.

Quarantotto ore senza dormire.

Quarantotto ore in cui avresti voluto semplicemente sparire dal pianeta.

Eravamo distrutti. Preoccupati.

"Ma sarà malato?" chiedeva Giuliana. La temperatura era a posto. Lui... solo urlava.

Io lo guardai bene e dissi:

"Non è che ha caldo?"

Non l'avessi mai detto.

"Ma noooooo, ma che cazzo dici?! Figurati se il bambino piange per il caldo!"

Ok.

A quel punto alzai le mani:

"Allora portiamolo in ospedale."

Entriamo in ospedale.

E il nano smette di piangere.

Secco.

Giuliana era incredula. Io già ridevo sotto i baffi.

Era appena entrato settembre. A Bari c'erano quaranta gradi all'ombra, con un'umidità che ti levava la pelle.

E il bambino era vestito come se dovesse andare a combattere con gli orsi polari in Antartide.

Esce il dottore, guarda Giuseppe, e il nano gli lancia un sorriso da premio Oscar.

Il dottore ci guarda e fa:

"Qual è il problema?"

Giuliana, seria come se stesse restituendo un prodotto difettoso:

"Il bambino non ci fa dormire, piange sempre."

Il dottore la guarda. Sorride.

"Forse ha caldo, signora. Scommetto che ha smesso di piangere appena entrato qui dentro."

Mi girai verso Giuliana con un sorriso che diceva tutto senza bisogno di aggiungere una parola.

Spogliammo il nano. E finalmente provammo a dormire.

Non è andata molto meglio, però.

Giuseppe ha continuato a non farci dormire decentemente per i successivi tre anni.

E ancora oggi, a otto anni, ogni tanto entra nel lettone e mi tira quei cazzotti nelle palle che il mattino dopo te li ricordi uno per uno.

Capitolo 91 - Il giorno che mollai l’energia

Si torna a Chieti. Si ricomincia a lavorare.

Solo che adesso era più dura.

Dovevo farmi trecento chilometri al giorno, senza aver chiuso occhio la notte.

In più, al lavoro, iniziarono a prendermi appuntamenti di merda, no dietro l’altro. Uno peggio dell’altro.

Ma l’ultimo… merita di stare in questo libro.

Arrivo a casa della signora.

Cancello chiuso.

Suono… "Buongiorno, sono qui per l’appuntamento per valutare il suo contratto energetico."

La signora esce, mi guarda male e spara:

"Voi siete tutti dei truffatori."

Ottimo inizio.

Dopo qualche parola mi fa entrare. Spiego l’offerta, e le dico che l’unico modo per capire se avrebbe risparmiato era vedere la bolletta.

Alcune bollette però sono scritte apposta per non fartici capire un cazzo, e devi calcolare il prezzo manualmente.

Sfiga vuole che quella della signora era una di quelle.

Tiro fuori il cellulare, apro la calcolatrice.

E mentre sto per fare il calcolo... la signora inizia a urlare come se l'avessero scippata:

"Ecco! Mi sta truffando! Sta facendo le foto alla mia bolletta!"

Cristo santo.

Ma come cazzo si fanno le foto con la calcolatrice? Ancora oggi non l'ho capito.

Dal nulla esce un tizio, probabilmente nascosto sotto il tavolo.

"Buongiorno. Carabinieri. Fornisca un documento d'identità."

Io lo guardo.
Guardo la signora.
Guardo il cielo.

La signora continua a urlare:

"Mi voleva truffare!"

Mostro la calcolatrice. Mostro la galleria del telefono: niente foto alla bolletta.

I carabinieri controllano tutto: documenti, contratto di lavoro, macchina.

Alla fine dicono:

"Signora, lui è a posto. Non voleva truffarla. Se vuole, può comunque farle il contratto."

Li guardai. Guardai la signora. E dissi:

"Guardi che è stata lei a prendere l'appuntamento. Mi ha fatto venire fin qui per questa pagliacciata. Ora spero solo che stia pagando una cifra incredibile per le sue bollette. Arrivederci."

Uscii.
Mi accesi una sigaretta e aspettai l'agente.

"Qualcosa che non va?" mi chiese.

"Cazzo se c'è. Ho fatto cento chilometri per arrivare qui. Per lavorare onestamente. E mi avete trattato come il primo delinquente uscito da un film americano."

Non disse niente. Se ne andò.

Io presi la macchina, tornai in ufficio, raccontai tutto e mi licenziai in tronco.

Poi scoprii che la colpa era anche dell'operatore che aveva chiamato la signora: qualche dubbio le aveva lasciato. Lei si era insospettita e aveva chiamato i carabinieri.

Colpa, non colpa… in quelle condizioni non potevo e non volevo lavorare.

Fine della storia.

Capitolo 92 - Assunto da una banda di gangster

La ricerca di lavoro era diventata la mia nuova religione. Tra un pianto e l'altro, tra una notte in bianco e l'altra.

Le offerte? Sempre le stesse: merda su merda, infiocchettata di sorrisi telefonici.

Io, con l'energia, avevo chiuso. Con la soddisfazione di chi chiude una porta e spera che il karma, quella porta, la faccia crollare in faccia a chi sta dall'altra parte.

Qualche Street Food ancora lo facevo. Giusto per non perdere il vizio di respirare.

Poi mi chiamano da Roma.

Altro colloquio. Altra possibilità di farmi del male.

Se il precedente sembrava uscito da una serie di quarta categoria su PlutoTV, questo era materiale da Golden Globe.

Mi presento.

Zona Cinecittà.

Ma non era un set cinematografico. L'ufficio stava al secondo piano di un centro commerciale scalcinato, sorvegliato da due molossi con la faccia da rottweiler.

Premo il bottone dell'ascensore.

Uno dei due mi blocca e abbaia:

"Dove cazzo vai?"

"Colloquio, nome Di Giammarco."

Controllano.
Sembrava una scena di *Breaking Bad* girata male.

"Venga."

Mi scortano fino alla porta dell'ufficio delle risorse umane. Aspetto.

Poi arriva la responsabile: una figa da calendario Pirelli. Colloquio veloce. Per lei andavo bene.

Ora toccava al capo dei commerciali.

Un tipo che, fino al giorno prima di farsi la cognata del mega Boss, affettava prosciutto in un supermercato di periferia. Romanaccio duro, voce da balordo.

Racconto anche la storia dei Carabinieri.

Lui si mette a ridere:

"Beh, nun semo ancora arrivati a tanto, ma daje, nun se sa mai!"

Perfetto.
Firmo.

Contratto a tempo indeterminato. Finalmente.

O almeno così pensavo.

Durò tre anni.

Poi venne fuori che il mega Boss era pure presidente di una squadra di calcio. Non pagava i contributi. Non pagava ferie. Non pagava malattie.

Lavava più soldi della ditta di taxi di Escobar.

Io per fortuna, grazie a un avvocato amico, riuscii a uscirne con una buona uscita. Pulito. Senza manette ai polsi.

Per una volta, avevo vinto io.

Capitolo 93 – Te quiero mucho Pà!

Mentre lavoravo per quei delinquenti, mi chiama mamma:

“Papà non sta bene. L’abbiamo portato in ospedale.”

Albenga. Ospedale. Diagnosi: **polmonite**.

E poi… Lo rimandano a casa. Con la solita frase da dinosauri:

“Se peggiora, riportatelo al pronto soccorso.”

Un uomo di 78 anni, con artrite reumatoide, a pezzi… Mandato a casa come niente fosse.

La mattina dopo, le mie **tre mamme** chiamano di nuovo l'ambulanza. Papà non respirava più bene.

Mi chiama **Zia Paola**:

“Cla, tuo papà non sta per niente bene. Forse è meglio che vieni su…”

Chiedo un permesso dal lavoro. Corro da Giuliana. Carico lei e il nostro nano di pochi mesi. E via, direzione Alassio.

Quando arrivo, sembrava si fosse ripreso. Faceva anche un po' di riabilitazione. Gli uomini della preistoria dicevano:

“Il peggio è passato…”

Non era vero.

La polmonite era diventata **broncopolmonite**. Papà riusciva a parlare a fatica. Ma le ultime parole che mi ha detto… **Me le porto tatuate nel cuore.**

Mi ha stretto la mano, forte, e con un filo di voce:

“Io me ne vado… Te quiero mucho…”

Poi è arrivata l’ambulanza interna. Le infermiere lo hanno isolato. Non me l’hanno fatto più vedere.

Quella sera, per non farmi impazzire, sono arrivati da Mondovì **Maf, Otty, Samir, Michela e Luca**.

Mi portarono fuori. Cena, risate forzate. Fino a quando…

Il telefono squilla...

“Papà non c’è più.”

Non ho pianto subito. Non ho urlato.

Ero incazzato.
Incazzato con il destino.
Con il sistema.
Con l'ingiustizia di vederlo spegnersi così.

Papà per me era un uomo col bicchiere di whisky e cola in mano, a **Rio Chico**, nella nostra **Casa Monzù**. Il suo regno.

Mi aveva chiesto di portare lì le sue ceneri. Nel giardino che aveva costruito con le sue mani. Tra le sue piante. I suoi cani. La sua vita.

Papà aveva lasciato l'Italia da ragazzo. Era partito per il Venezuela **senza niente**. Aveva costruito tutto: con le mani, con l'orgoglio, con la fame di chi non molla.

Era diventato **direttore commerciale** di aziende importanti. Si era guadagnato rispetto, amicizie, risate.

Amava il Venezuela più dei venezuelani stessi. Viveva la politica come fosse un fatto personale. Lottava, rideva, ballava.

Era un ballerino formidabile. Un intrattenitore nato.

E vederlo così, dirmi addio con un filo di voce, ancora oggi, anni dopo, **mi spacca il cuore.**

Papà, non sai quanto mi sarebbe piaciuto farti leggere questo libro.

Ma so che mentre lo scrivo, **tu ascolti i miei pensieri.**

Te quiero mucho.

Capitolo 94 – We Are In Abruzzo & Over Hand

Nel frattempo, ero di nuovo senza lavoro. E come sempre, toccava reinventarsi.

Girando l'Abruzzo per quell'azienda di delinquenti, creai una pagina su Instagram: **We Are In Abruzzo**. Una vetrina dove ancora oggi pubblico le foto migliori degli utenti che taggano la pagina. Promuovevo l'Abruzzo tra un appuntamento e l'altro, usando anche il mio profilo personale.

Mi sembrava incredibile che una regione con un potenziale simile fosse ancora così indietro nel turismo. Strutture vecchie, stabilimenti che offrivano il minimo, movida azzoppata da regole senza senso.

Eppure…
La Regione Abruzzo mi scelse tra i primi **100 Abruzzo Smart Ambassador**. Un progetto bellissimo. Morto subito. Grazie al COVID.

Con la buona uscita che ottenni da quell'azienda (grazie al mio avvocato), io e Giuliana decidemmo di aprire un'associazione (Over Hand APS/ASD). L'idea era semplice: **campi estivi per bambini.**

E proprio mentre sistemavamo la burocrazia…

"Amore, sarai papà per la seconda volta!"

Capitolo 95 - Thiago e la battaglia per Giuliana

Una gioia immensa. Un pugno di felicità. E subito dopo, il pensiero:

"Come cazzo faccio senza lavoro?"

In Venezuela si dice:

"Agrégale agua a la sopa y listo." Aggiungi acqua al brodo, e vai avanti.

E così abbiamo fatto. Senza paura.

Era giugno. La scuola finiva. E inauguravamo il **Campo Estivo A Tutto Sport – Per un'estate da Leoni!**

Sindaco, Assessore, foto di rito, targa di ringraziamento… Spariti il giorno dopo. (Neanche alle PEC rispondono.)

Ma chi se ne frega. **Il campus funzionava alla grande.**

E proprio mentre i bambini correvano come indemoniati tra un campo e l'altro, **Giuliana non si sentiva bene.**

Ingresso in ospedale. Uscita rapida. Ma il verdetto era chiaro: **Gravidanza a rischio.**

In quel periodo Mafoud e Otty ci vennero a trovare. Non ho parole per spiegare **quanto mi abbiano aiutato.**

Con Giuseppe, con casa, con la vita.

Perché Giuliana era ricoverata. E io avevo un bimbo di tre anni da gestire. E cinquanta piccoli leoni che urlavano come se il mondo dovesse finire.

I mesi successivi furono **un inferno di visite mediche, ospedali, dottori, professori, speranze e paure**.

Il piccolo **Thiago** aveva un problema. **Onfalocele.**

Un difetto della parete addominale. Appena nato, sarebbe servito un intervento d'urgenza.

Ci consigliarono Pescara. Non Roma. Pescara, "per comodità"…

E noi, fidandoci della ginecologa, abbiamo detto sì.

Capitolo 96 – Thiago e la battaglia per Giuliana (continua)

Novembre.

In ospedale a Pescara apriamo la cartella clinica.
E subito la prima sorpresa:
nessuna ecografia.

Secondo loro, "per prassi", non serviva.
Anche se la gravidanza era a rischio.
Anche se il bambino aveva bisogno di un'operazione subito dopo la nascita.

Loro, tranquilli:

"Ci vediamo il 15 dicembre."

Io chiamavo.
Telefonate su telefonate.
Nessuna risposta chiara.

Finalmente, una dottoressa mi rassicura:

"Abbiamo parlato con i chirurghi. Vi aspettiamo."

Respiro. Forse ce l'abbiamo fatta.

Dicembre.

Giuliana perde il tappo mucoso.
Corriamo in ospedale.
Controllo veloce:

"Falso allarme. Torni il 15."

A casa.
Di nuovo.

Il 3 dicembre, compleanno di Giuliana.
Una piccola festa in famiglia.
Un po' di felicità.

Il 5 dicembre mattina, Giuliana mi guarda:

“Non lo sento più muoversi.”

Mi avvicino.
Nessun calcio.
Nessun movimento.

Paura.

Corriamo in ospedale.
E lì…
la sentenza:

Thiago non c’è più.

Non è un crollo.
È come un'esplosione silenziosa dentro.

Il mondo che si spegne senza fare rumore.
Una parte di noi che muore.

Quella sera stessa, alle 23:52,
Thiago nasce morto.

Mi trattengo.
Non piango davanti a Giuliana.
Devo essere forte.
Devo esserci per lei.

Lei a pezzi.
Io a pezzi dentro.

Ma in piedi.

E non è finita.

Giuliana avverte i medici:

"Mia sorella ha avuto un'embolia dopo il parto. Serve l'eparina."

L'infermiera, ridendo:

"Eh su, non esageriamo…"

Dopo il cesareo, Giuliana cerca di alzarsi.
Non respira bene.
Dolore al petto.
Affanno.

Le infermiere non la ascoltano.

Tre ore nel letto sporco, senza cambi.
Tre ore a soffrire e nessuno che si muove.

La sera del 7 dicembre, vado a trovarla.
Mi dice che non ce la fa più.
Chiedo la maschera per l’ossigeno.
Imploro che la aiutino.

Scendo al bar.

Torno.

"Non può entrare. C’è la rianimatrice."

La rianimatrice?
Non era un falso allarme, allora.

Dopo ore, arriva il dottore:

"Dobbiamo operarla d'urgenza."

Salgo con suo padre.
Vediamo Giuliana entrare in sala operatoria.

Ultimo sguardo.

Ultima preghiera.

Aspetto ore.
Sigarette su sigarette.
Speranze che si consumano come la cenere.

Poi il dottore esce.
Maniche insanguinate.

"Mi sono trovato davanti a un bivio.
O l'utero o la vita di Giuliana.
Ho tolto l'utero.
Giuliana è viva."

In quel momento, l'unica cosa che conta è questa:

Giuliana è viva.

Quel giorno chiamo l'agenzia funebre.
Spiego la storia.
La signora dall'altra parte del telefono piange.

Le dico:

"Non si preoccupi.
Oggi celebriamo un solo funerale.
La tragedia, stavolta, l'abbiamo scampata."

Ma la giustizia…
quella no.
La cerchiamo ancora.

La cartella clinica è un puzzle a pezzi.
Mancano referti, mancano responsabilità.
Le risposte non arrivano.

E Thiago, il nostro guerriero,
se n'è andato senza mai aver avuto una possibilità.

Ma Giuliana è viva.
E io sono ancora qui,
a raccontare anche per lui.

💭 A Thiago, mio figlio nato il 5 dicembre 2021

Nei tuoi nove mesi di vita nella pancia della tua mamma, ti ho accompagnato sempre.

Ho visto ogni tua ecografia, ho osservato come crescevi, ho sognato insieme a tua madre il giorno in cui ti avremmo stretto tra le nostre braccia.

Anche da lì dentro, si sentiva la tua forza. La tua voglia di stare con noi. Anche se non eri in piena salute, hai lottato fino alla fine, con il carattere forte di tua mamma e la passione di tuo papà.

Mentre scrivo queste pagine, io e la mamma stiamo ancora cercando **giustizia** per te, e per quello che è successo nei corridoi degli ospedali di Pescara e Chieti. Ci sono ancora pezzi mancanti in questo puzzle doloroso. Ma lotteremo ogni giorno, finché la verità non verrà alla luce.

Lo dobbiamo a te. Lo dobbiamo a lei.

Ti pensiamo sempre, ogni giorno. Giuseppe parla di te, ti chiede spesso:

"Perché Gesù ha scelto Thiago come angelo?"

E noi, con il cuore spezzato, gli diciamo che sei stato scelto perché eri **speciale, forte e prezioso**. E che adesso sei il suo angelo, che veglia su di lui in ogni istante.

Non abbiamo ancora trovato la forza di raccontargli tutta la verità. Perché Giuseppe è ancora piccolo, e perché noi, mamma e papà, stiamo ancora imparando a convivere con questo dolore.

Ma una cosa non cambierà mai:

Ti amiamo, figlio nostro. E ti ricorderemo sempre come il nostro piccolo lottatore, forte fino alla fine.

Ti amo, Thiago.

Per sempre.

Capitolo 97 – Il contratto che sapeva di vita

Dopo tutto quello che era successo, mi presentai quasi subito al lavoro. Avevo bisogno di tenere la testa impegnata. E poi… questo nuovo lavoro mi piaceva.

Per la prima volta ero entrato in una vera multinazionale. Un'azienda seria, una delle più grandi dove avessi mai lavorato. Ci occupavamo di assistenza tecnica e commerciale per giganti globali.

Iniziai con un contratto a tempo determinato, tramite agenzia interinale.
Tre mesi.
Poi, dopo l'inferno di dicembre, un altro mese di rinnovo.

Mi assentai solo pochi giorni.

E proprio mentre cercavo di stare in piedi, succede qualcosa che non dimenticherò mai.

Mi chiama **Francesco Mantini**, un collega, oggi un fratello:

"Cla, tutto l'ufficio vorrebbe farti un pensierino, per quello che hai passato."

Ci vedemmo vicino casa mia.
Arrivò con un cesto enorme, pieno di pietanze abruzzesi.

Mi abbracciò.

E in quel momento capii che **non erano solo colleghi**.

Erano amici veri.
Persone che avevano capito tutto senza bisogno di parole.

Gennaio.
Contratto in scadenza.
Il pensiero fisso:

"Ce la farò a restare?"

Mettevo tutta la rabbia, la tristezza, la disperazione che avevo dentro…
Dentro ogni ticket.
Dentro ogni telefonata.
Dentro ogni chat.

A quindici giorni dalla scadenza, mi scrive **Luca**, il capo progetto:

"Ciao Claudio, puoi venire nel mio ufficio?"

Mi preparo al peggio.
Errore clamoroso?

Richiamo?
Fine dei giochi?

Entro.

Luca mi guarda e dice:

"Claudio, abbiamo visto il tuo lavoro, il tuo impegno,
la tua forza.
Vogliamo proporti il contratto a tempo indeterminato.
Diretto con l'azienda."

In quel momento avrei voluto abbracciarlo.
Avrei voluto piangere.

Mi trattenni.

Dissi solo:

"Grazie, davvero.
Dove firmo?"

Da quel giorno, la mia avventura continua.
Con ancora più voglia.
Con ancora più gratitudine.

Casa Monzù

Con il contratto a tempo indeterminato finalmente firmato, avviammo le pratiche per l'acquisto della casa dove ora viviamo. E che nome migliore per la nostra nuova vita, se non **Casa Monzù**?
Esattamente come si chiamava la mia casa a Río Chico.

Fu papà a scegliere quel nome, in onore di suo padre — mio nonno — che a Teramo era un comico dialettale conosciuto e amato.

La nostra casa è finalmente il nostro piccolo grande sogno realizzato, soprattutto perché Giuseppe ha tanto spazio per giocare, e io per fare il barbecue... fu una delle prime cose che comprai.

Con la casa, il lavoro stabile e il nostro piccolo grande nano, mancava solo una cosa da fare.

La proposta segreta

Estate 2023.
Francavilla, lo stabilimento dove ogni anno organizziamo il nostro campus estivo.
Chiamo Giuseppe di nascosto, gli metto una scatolina in mano e gli dico:
"Vai da mamma e chiedile se vuole sposarmi..."

Lui, senza pensarci un secondo, parte di corsa.
Giuliana, vedendolo, capisce tutto: scoppia in lacrime, ride, piange, e dice **sì**.
Sceglie subito la data: **26 aprile 2024**.
E così iniziano i mesi più intensi e belli della nostra vita.

L'addio al celibato (quello vero!)

Il grande giorno si avvicinava.
I giorni scorrevano, uno dopo l'altro, carichi di preparativi, di liste, di promesse.
Non immaginavo che, nel frattempo, Maf stesse tramando qualcosa alle mie spalle.

Un mese prima mi aveva chiesto solo questo:
"Crea un gruppo WhatsApp con tutti i maschi invitati... e poi esci subito."
Nessuna spiegazione. Nessuna possibilità di fare domande.
Solo un sorriso strano, che non capii. E fiducia. Totale.

Passarono settimane.
E poi arrivò il giorno stabilito: dovevo solo raggiungere Fiumicino.
Nient'altro mi era stato concesso sapere.

Guidai fino all'aeroporto in silenzio, con la mente che si perdeva in mille supposizioni.
Una volta arrivato, mentre il frastuono delle partenze mi avvolgeva, il telefono squillò.
Era Giuliana, con la voce che traboccava di emozione:
"Controlla il portaoggetti della macchina."

Abbassai lo sportello.
Una busta bianca, liscia, anonima.

Le mani sudate, il cuore che batteva troppo forte.
Aprii.

Biglietto Ryanair. Andata e ritorno. Barcellona.

Mi fermai.
Non potevo crederci.
Gli occhi mi si riempirono di lacrime senza nemmeno rendermene conto.

Ma la vera esplosione arrivò poco dopo:
a Barcellona mi aspettavano Samuel, Asier, Kcho, El Tocayo, Gabba, mio fratello... e Maf.
Tutti loro.
Tutti per me.

Quella sera mi vestirono da torero.
Una tuta aderente da far ridere anche le statue, due enormi tette gonfiabili che ondeggiavano a ogni passo.
E mi buttarono nel cuore vivo della Rambla, tra luci storte, musica di strada, voci ubriache, mani che applaudivano e cellulari che immortalavano quell'assurdità.

Ridevamo come pazzi.
Ridevo fino a farmi male alla pancia.
E tra un Cuba Libre e l'altro, tra un abbraccio e una battuta, tra il sudore e l'odore salato della notte, capii che quello non era solo un addio al celibato.

Era una dichiarazione d'amore.
Un promemoria che, ovunque sarei andato, avrei sempre portato con me quei legami, quelle risate, quei sogni mai finiti.

Quella notte, Barcellona non era una città.
Era casa.

"Mai una gioia..."

Tornato a casa, fu il turno di Giuliana.
Il suo addio al nubilato.

Anche per lei doveva essere una sorpresa, confezionata in silenzio, con cura.
Ma una delle sue amiche — troppo emozionata, troppo impaziente — finì per rovinarle tutto, spoilerandole il piano.
Mai una gioia, avrebbe detto Giuliana ridendo, con quel sorriso che sa disarmare anche le delusioni più piccole.

Poco male.
La felicità, ormai, era alle stelle.

Le sue amiche più strette la portarono in una SPA esclusiva, nascosta tra silenzi profumati e vapori gentili.
Un pomeriggio di coccole, risate soffuse, chiacchiere senza tempo.
Poi, la notte: la musica, le luci che tagliavano il buio, il ballo sfrenato in un locale che sembrava fatto apposta per lei.
Giuliana ne aveva bisogno.
Di staccare. Di respirare.
Di tornare a sentirsi leggera, viva, senza pensieri.

E io... io morivo ogni volta che la vedevo così.
Con quel suo fottuto sorriso felice, quello che ti entra dentro e ti fa dimenticare tutto il resto.

Il conto alla rovescia

Il **26 aprile** è alle porte.
Arrivano tutti a Chieti: Maf, Michela, Luca (il compagno di Michela), Samir e Flavia (la compagna di Samir).
Sam sarebbe arrivato giusto in extremis il giorno dopo.

Dopo un'epica scorpacciata di **300 arrosticini**, partiamo.
Io e il mio testimone, **il grande Mafoud**, verso Polignano a Mare.
Giuliana partirà più tardi con Giuseppe e la sua testimone.

Polignano ci accoglie con tutto il suo splendore.
Tutto è pronto per il grande giorno.

Capitolo 98 – Il Grande Giorno

Non dormo praticamente niente.
Alle 7:00 sono già in piedi.
Alle 8:00, lo sposo è pronto!

Foto di rito con Maf.
Poi partiamo a recuperare Sam, appena arrivato in treno, con la faccia da uno che ha dormito sotto ai binari.

Alla sala ricevimenti manca solo una cosa: una piccola prova suono.
Nascondo la chitarra.
E aspetto.

La cerimonia comincia.
A celebrarla?
Ovviamente **Barbara**, la donna che ci ha aiutato a renderlo possibile.

Partono i discorsi.
Mia cognata, per l'agitazione, sbaglia i nomi:
"Ciao a tutti, forse non tutti mi conoscono, io sono Giuliana, la sorella di Giovanna..."
Scoppiano risate tenere.

Poi tocca a Maf.
Poi a mio fratello, che mi fa crollare in lacrime.

Poi... tocca a me.

Barbara mi chiama per le promesse.
Prendo la mia chitarra.
Respiro.
E canto la canzone che ho scritto per lei:

Occhi spensierati allo street food
Ed io con un churro arrivo proprio
Dove stai tu…

Chi l'avrebbe mai detto che
Lo scambio di una birra
Ci avrebbe portato qui…

E dopo qualche mese da quell'aperitivo
Tra lo scambio di messaggi
E chiami tu…

E prendo il treno verso sud…
Dopo tanti anni al freddo piemontese
A Pescara incontrerei
Una fantastica barese…

E poi arrivò lui con i suoi occhietti dolci
E con le sue urla lo coccolavamo con abbracci
Ci ha portato tanto amore e cambiamenti
In questa nostra vita ora siamo più contenti
Questo nano che oggi ci porta le fedi
Guarda in alto nel cielo l'angelo che in sua assenza ci accompagna.

Ti scrivo per dirti che ti amo…
e tu dì di sì… e tu dì di sì…

Lei dice di sì.
Anche il suo discorso mi commuove.
Mi volto: tutta la sala è in lacrime.

Un momento eterno, scolpito nel cuore.

La festa più bella

Bacio la sposa.
Parte la festa.

La band attacca con una versione swing del tema del *Padrino*.
Maf trascina mio suocero a ballare:
per la **prima volta in sette anni** lo vedo ridere di cuore.

Cibo da urlo.
Balli di gruppo.
Canzoni.
Risate.
Amicizia.
Famiglia.

E naturalmente, non potevo non cantare!

Un matrimonio da leggenda

Non perché fosse il nostro matrimonio.
Ma davvero fu **il matrimonio più bello a cui io abbia mai partecipato**.
E sapere che era il **nostro** lo rende tutto ancora più magico.

Oggi, **un anno dopo**, celebriamo il nostro primo anniversario.
E io festeggio anche la fine delle mie notti insonni passate a scrivere queste pagine.

Capitolo Finale – Il ritorno al balcone

Sono di nuovo qui.

Seduto sul balcone di casa mia, a Chieti. Un whisky in mano, e un tramonto che sa di primavera e di terra d'Abruzzo.

Sono passati anni da quella sera lontana, quando mi chiesi: "Come cazzo ci sono finito qui?"

Adesso lo so.

Sono finito qui perché ogni scelta, ogni errore, ogni fuga e ogni ritorno mi hanno costruito.

Non sono più solo il ragazzo di Los Palos Grandes, né il cameriere del Café.com, né il cantante con i sogni a forma di chitarra.

Sono un uomo.

Sono un padre.

Tuo padre, Giuseppe.

Questo viaggio l'ho fatto per me, certo. Ma soprattutto per te.

Per insegnarti che si può cadere senza spezzarsi.

Che si può partire da un quartiere di Caracas e ritrovarsi, anni dopo, a costruire una casa dall'altra parte del mondo.

Perché la vera casa non è fatta di muri o indirizzi. È fatta di chi ti ama. È fatta di chi ti sceglie, ogni giorno.

La vita è piena di curve, salite, temporali improvvisi.

Ma ora, con te accanto, sono pronto ad attraversarla tutta.

[Chiudo gli occhi. Respiro il profumo d'erba bagnata. Sorrido.]

Sono finalmente a casa.

Pensiero Finale

Una delle cose più difficili nel dover emigrare non è solo lasciare luoghi, case, oggetti cari. È dover spezzare relazioni, allontanarsi da chi si ama, interrompere quei legami affettivi che sembravano indissolubili.

Io l'ho vissuto due volte: quando ho lasciato il Venezuela e, anni dopo, quando ho lasciato il Piemonte. E la verità più dolorosa è che, anche quando torni nei posti che hai amato, non ti senti più a casa. Ti accorgi che qualcosa è cambiato: quel luogo, quelle strade, quelle persone, sembrano non riconoscerti più.

Ti senti straniero a casa tua.

È un sentimento che molti emigranti conoscono bene: il dolore sottile di capire che l'appartenenza non è un diritto eterno, ma una conquista fragile, da difendere ogni giorno nei nuovi spazi che chiamiamo casa.

Questa è una verità che porto nel cuore. E oggi so che "casa" non è solo dove sei nato, ma dove riesci ancora a sentire amore, libertà e speranza.

Per ora questo libro finisce qui. Ma vi lascio in attesa di aggiornamenti sul caso Thiago. Perché comunque andrà, io lo scriverò.

27/04/2025
Claudio Di Giammarco

Dedicato a te, amore mio

Questo capitolo voglio dedicarlo a te, amore mio.

Quel viaggio di un giorno...
quell'intensità che abbiamo vissuto quella notte...
ancora oggi la sento.
Ogni giorno.

Sei una donna incredibile.
Con una forza che mi ricorda mia nonna.
E che, a volte, riesci anche a superare.

Laurea triennale.
Magistrale.
Master.
Abilitazione al sostegno.
Concorsi.
Professoressa di Sostegno a scuola.
E soprattutto… **Mamma.**
Con una **M gigante.**

Hai dato la vita al nostro Nanito.
E volevi dare vita anche al nostro Thiago,
davanti a ogni difficoltà,
senza paura, senza fermarti.

Tu…
sei andata avanti come un treno.

È di quella forza che mi sono innamorato.

Ricordo ancora quel messaggio,
quel primo pomeriggio.
La foto.
Il test di gravidanza positivo.
Giuseppe.

Presi la Panda e partii subito per Chieti,
sapendo che la mia vita stava per cambiare.
Ancora una volta.

Chieti mi aspettava.
Tu mi aspettavi.

Viaggiai tutta la notte.
A14 deserta.
Tu al telefono, io col cuore a mille.

Pequeñito era nella tua pancia.

Quando arrivai,
un abbraccio.
Un bacio.
E un bacio alla tua pancia.

Quella mattina,
aprimmo il nostro mondo.

Un mondo che, ancora oggi, viviamo insieme.
Un mondo che porta il tuo sorriso,
la tua forza,
la tua energia.

A te, amore mio,
dedico questo libro.
La mia vita.
La nostra vita.

Insieme. Per sempre.

E che la tua energia mi contagi per sempre.

A mi hermano

Non volevo chiudere queste pagine senza dirti quanto io sia orgoglioso di te. Sei diventato forse **più di quanto ti aspettassi**… Non so se il ruolo di CEO era nei tuoi piani di vita, ma io non ho mai avuto dubbi che ci saresti riuscito.

La tua costanza, la tua testardaggine nel raggiungere ogni obiettivo ti hanno portato esattamente dove sei ora. Hai voluto seguire i passi di papà, e li hai **superati di gran lunga**. E sono sicuro che anche lui, da chissà dove, ti sta guardando orgoglioso — con un whisky e cola in mano — per celebrarti, a modo suo.

Penso che oggi siamo molto più vicini di quanto lo fossimo da piccoli. Siamo diversi, tanto diversi…

Non so se tutto quello che ho scritto in queste pagine tu lo sapessi.

Forse, qualche volta, mentre ero ubriaco, te ne ho raccontato un pezzo qua e là... molto probabilmente è andata così. Ma ora, finalmente, hai modo di conoscermi **veramente**, **trasparente al mille per cento**.

Te quiero hermano.

Al mio caro pezzo di kebab

Maf, sinceramente, **non saprei come ringraziarti**. Questo viaggio senza di te non sarebbe stato possibile. Ci sei sempre stato, in ogni momento di bisogno… Bastava alzare la cornetta, mandare un messaggio, e **puff!**, apparivi — come un cazzo di coniglio che salta fuori dal cappello di un mago!

Tutto quello che abbiamo vissuto insieme **non ha prezzo**. Sei una persona incredibile, e qualsiasi cosa scriva qui sopra **non basterà mai** per ringraziare te, e la tua famiglia: **Otty, Irene ed Isabel**.

Un bacione a tutti e quattro!

Sommario

Stampato da The Factory Srl - Roma
per conto di Borè Srl